U0920668

《人文集美》编委会

顾　　问（按姓氏笔画排名）：

任镜波　陈　呈　郭坤聪　彭一万　廖桂龙

编　　委（按姓氏笔画排名）：

王予霞　李玉清　张志方

陈群英　陈群言　陈新杰　夏　敏

主编单位：厦门市集美区文化和旅游局

策划单位：厦门造梦师文化传媒有限公司

主　　编：吴吉堂

总 策 划：吴尔芬

主　　笔：陈　治

统　　筹：李振增

参与创作：黄克现　林舜杰　高爱民　黄征辉

徐蕙蕙　徐小泓　李燕娟

人文集美

闽南文化风

厦门市集美区文化和旅游局 编

厦门大学出版社
XIAMEN UNIVERSITY PRESS
国家一级出版社
全国百佳图书出版单位

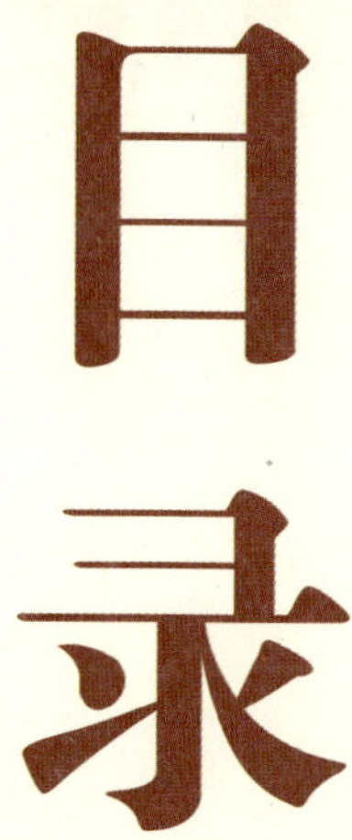

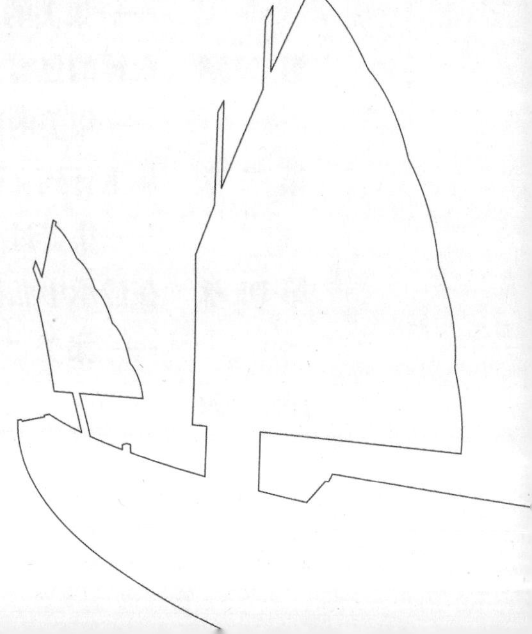

第一章　开放包容，海纳百川
——集美的闽南文化

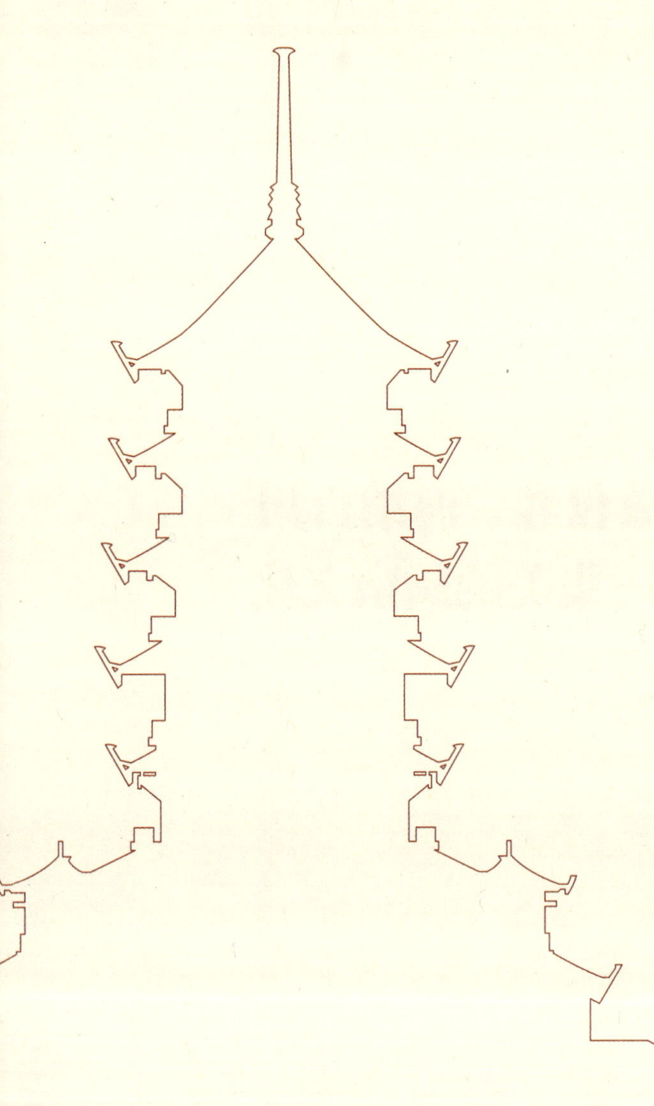

一城春色半城花，万顷波涛拥海来。厦门风景秀丽，气候怡人，是中国著名的海上花园。厦门也是中国五大经济特区之一，是对外开放的窗口和创新发展的热土。厦门还是著名的侨乡和闽南文化的发源地，中外文化在这里交融并蓄，造就了它开放包容的性格和海纳百川的气度。

1985 年我来到福建工作，厦门是第一站。30 多载春风化雨，今天的厦门已经发展成一座高素质的创新创业之城，也是一座高颜值的生态花园之城。

闽南民众常说，“爱拼才会赢”。这其中蕴含着一种锐意进取的精神。厦门这座城市的成功实践，折射着 13 亿多中国人民自强不息的奋斗史。

——2017 年 9 月 4 日晚，习近平在迎接金砖国家和对话会受邀国领导人欢迎宴会上的讲话。

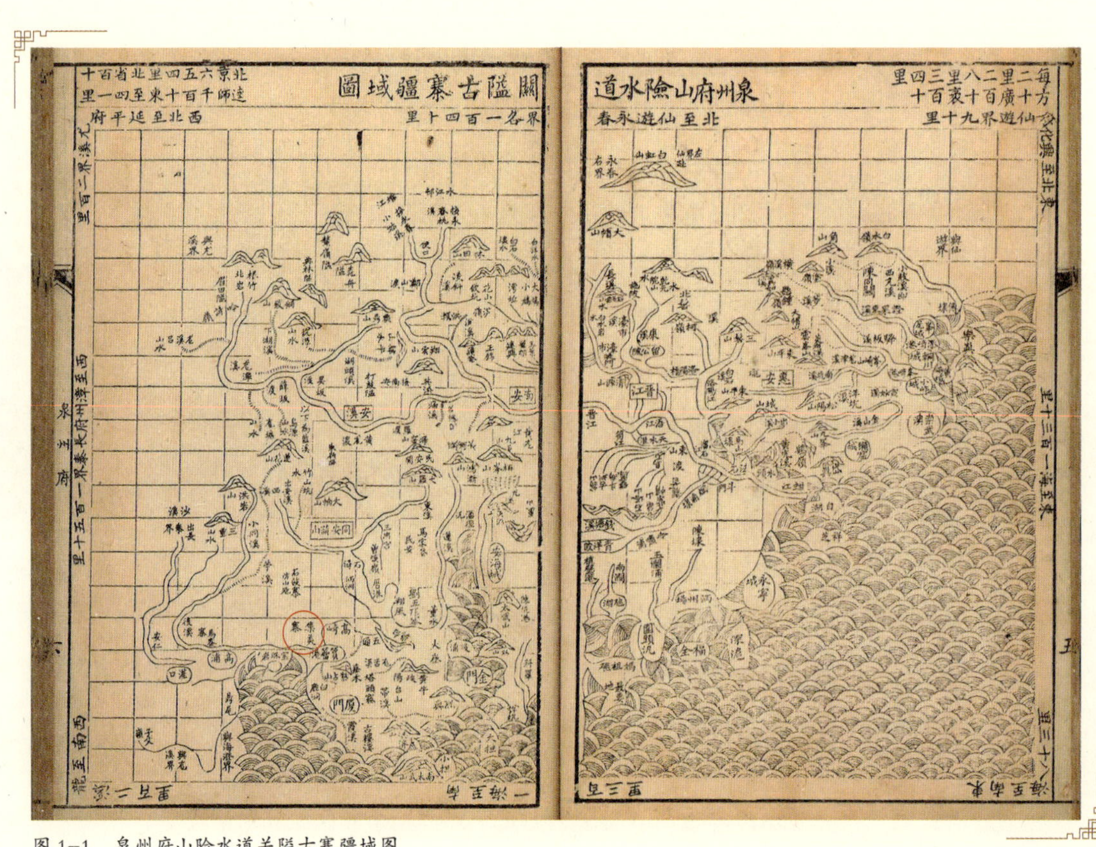

图 1-1　泉州府山险水道关隘古寨疆域图

闽南，位于地球上最大的大陆板块与地球上最大的大洋板块的交汇处，自然成为中西文化碰撞的要冲。

濒海的闽南位于欧亚大陆东南隅，天然具备归顺大海的气质。所以，闽南是中国历史上最早与海外产生联系的区域之一，闽南人是中国历史上最早向海外发展的人群之一。因此，闽南文化不可避免地被历史选中为中华文明面向太平洋、面向世界的窗口。

闽南，为武夷山脉所隔，地处中原文明的远端，由远及近的浸染使其逐渐成为中原文明与土著文化融合的代表。

《山海经》说“闽在海中”，诗意地道出闽南与海洋千丝万缕的关系。海的远端为彼岸的异域文化，近端则是血脉相连的中华同源文明。

梁启超曾感叹：“吾研究中华民族，最难解者无过福建人。其骨骼肤色似皆与诸夏有别，然与荆、吴、苗、蛮、羌诸族都不类。”

同源而不同类，自有一番魅力。究其缘由，与闽南为山脉阻绝，水系独立，长期与中原相隔有关。

秦武一统的号角声声渐远，而声威势震打破了文明交融的藩篱；汉晋迁渡、唐盛沐闽，文化顺势浸润千年；宋元起航东入海，明朝大船下西洋，异域风情丰饶了东土南闽；清屡锁关，却禁不住东西的碰撞。该来的、不该来的，都不过是入锅的食材，只要烹饪者清煨如烹小鲜，自可端上精美之盘食。“闽南文化”大餐正张席待客，“包容、拼搏、情义、信仰”位列头牌。

闽南历经三次大移民：晋代永嘉年间的衣冠南渡，唐朝总章年间的陈元光父子开漳，唐末王潮、王审知的开闽，使中原汉文化挟着经济、政治、军事的强势，在闽南扎下根基。到宋代，闽南文化进入辉煌灿烂的鼎盛时期。闽南民系因此成为汉民族的一个重要支脉，文化的孕育从晋代中原汉族向闽南移民时开始，当中原汉族移民与古闽越文化交融共进，闽南文化就显明出来了。

闽南文化蕴含刚柔并济的精神，是传统与创新、坚韧与拼搏的强大驱动力，表现在地方传统文化极其浓郁，又对外来文明敞开胸怀、开放包容、海纳百川。闽南文化的内涵大致包括九个方面：闽南方言、闽南物质生活文化、闽南民间风俗、闽南民间信仰、闽南口传文学、闽南民间艺术、闽南民间工艺、闽南民间医药和闽南人的思想性格特征。

闽南文化产生于福建南部的泉州、漳州、厦门等地区，随着闽南人过台湾、下南洋，闽南文化区域扩展到台湾地区和东南亚的闽南华侨、华人聚居地。

早在18—19世纪，来自闽南的压舱石就开始铺就台湾的大街小巷，继厦门港之后，福建与台湾陆续产生6个对渡港口。台湾鹿儿港的红砖白石、飞檐翘角，是最正宗的闽南建筑风格；地道的闽南戏曲、歌谣，弥漫着浓郁的闽南方言魅力。扑面而来的文化气息，让人切身感受到什么叫两岸同胞同呼吸、共命运！

伴随着历史的滚滚车轮，经过漫长的创造和沉淀，闽南文化形成了独特的内涵。自古以来，闽南人在海峡两岸勤劳开拓，并将中原文化弘扬、发展，上接中原吴越，下续海内海外。

闽海千帆点点的倒影，记录闽南先人远航四海的踪迹；万波翻卷的浪花，展现中外友好往来的历史。

集美，正是在这样的宏大背景下，经先人开基繁殖起来的。集美以小渔村的身姿，屹立在刺桐港、月港和厦门港三个重要港口的几何中心，与厦门岛隔海相望。

在几千年徐徐展开的中华历史画卷中，集美偏僻自处，鲜为人知。但闽南三大港口的繁荣和骄傲，养育铸就了集美人冒险进取、坚忍不屈、狭义任性的集美式“闽南文化”。

东西溪与苎溪就是集美的黄河、长江，逐水而居的先民们创造了辉煌的文明，尤其是苎溪流域的文化特色非常明显。苎溪发源于长泰，流经后溪，在高浦一带入海。在历史长河中，苎溪流域的文化成了集美历史文化中不可或缺的一部分。集美人在本土传统与外来文化的碰撞过程中，形成了自己的轨迹：在变革中进步、在勤劳中发展、在奋斗中成长，创造了不断丰富并且生命力鲜活的现有姿态。

集美民风正直，疾恶如仇，反清暴政起义组织小刀会就是例证。清道光年间的小刀会已成燎原之势，直接导致了闽南历史上规模大、影响深的闽南小刀会农民起义。至1853年5月13日，小刀会在集美灌口李林的刘心庵聚会，推举集美灌口人黄位为“汉大明统兵大元帅”，连克闽南11个县（包括府城），兵员发展到3万多人，于厦门建立政权，年号“天德”，安境保民，“不许抢掠商民，不许奸淫妇女，不许徇私舞弊”，“不准恃强欺弱，不准恃众欺寡，不准理曲袒亲，不准假公济私”。轰轰烈烈的闽南小刀会终被镇压而画上句号，可集美人的刚强性格不灭。

集美民众有情有义。韩非子言“圣人见微以知萌，见端以知末”，先说一个不起眼的集美灌口小地方“嘉福寨”，这是一个明清时期以军事防御转而为民用的小寨，主人周氏家族为保周边村民平安，邀寨外百姓人寨同住，乡情乡义浓烈。乡民特设立寨庆吉日并在寨门两边贴上对联“乐善好施之人永记，嘉福永续兮意长留”，横匾书“源远流长”。奉献与感恩是一对情深意切的姊妹，绵长于集美之地，延至一代代华侨顾乡亲里，处处见大爱。就是这样的人文集美，最具闽南之风。

集美杏林的高浦石氏，诗礼传家、文风蔚然。历代子孙科甲鼎盛，英才济济。二世祖石琚，五代后唐天成三年（928 年）即高中进士，仅宋代就一氏中十余名进士，其中三人还官拜尚书。嘉祐八年（1063 年）的石亘，赈灾江浙，沿途收养灾童，解救灾民百余万人，被誉为宋代名宦，官至户部尚书。乾道五年（1169 年）的石起宗，诗词书画无所不通，高中榜眼。为官执法不阿，为时人推颂，官居吏部尚书。皇祐元年（1049 年）的石选，摘探花，亦官至吏部尚书。石氏宗祠楹联“宋时尚书府，银同甲第家”。此中，石选与石遵为兄弟同榜，石选与石亘是父子连登，石赓与石邻、石亘与石宪则为叔侄进士。学风传古道，文化承育人。

尽管传统时代的地域隔阂十分严重，可抗倭英雄周彝训父子阵亡漂至马銮海边的小岛“屿仔”时，马銮乡人不仅无代价施舍土地予异乡人以安葬，并后建“有应宫”以彰显其功绩。这已不仅仅显示出集美人崇尚正义的情怀，更是侧面反映出集美人向善的品质。

集美乡民在乡兴办公共福利事业，惠及乡亲的故事，总在乡野间传为美谈。灌口人杜文艮于1887年至1908年用30多万两银子在家乡行善，赈济灾民，修缮双溪书院考棚，李鸿章为他建立“乐善好施”牌坊；同县人柯祖仕“置祀田为祖祠祭费，设义塾供人来学，每值故乡荒年，购米平粜……捐修庙宇，舍药施茶，刊刻善书，及筑桥造路，诸善举系彰彰在人耳目”，清政府予以道员衔职；黄志信重修凤山庙，受到清朝中宪大夫的封赠。此中风气，传习古今，不胜枚举。

集美侨英街道乐安东里一座古朴的宅院大厅里，有这么一副楹联：“教子读书无致临时搁笔，治家勤俭勿使开口告人。”此类楹联的内容是集美人世世代代精神的写照。集美大社陈氏族人的“南下之行”一路走来已近千年，他们充实了集美向上的文化，一句“嘉庚精神”已胜似百言。集美学村教育之风兴盛，更是将小渔村变为大学城，文化历久弥新，对学识的追寻是一种集美闽南文化向上的不变情怀。

可见，集美“海滨邹鲁”的美名，绝非空穴来风。集美开放包容、海纳百川的文化是由各姓族人共同缔造的，诚如聚束之光，无谓大小皆成集美。

集美的闽南文化不仅包含了崇儒拜祖、家族经济、乡土情怀、习俗传承、自强不息等传统文化的重要元素，而且还具有自身典型的特色。移民社会的特性，促成了集美人为生存生产而拼搏的意识；古代闽越人在恶劣环境中的抗争精神，也融入了集美的闽南文化之中；加之下南洋、闯世界的开拓魄力，更彰显了集美人“爱拼才会赢”的文化韧性。

集美，以山海湖田的壮阔、以五龙抱珠的自信，承载着闽南文化的精髓。“智者乐水，仁者乐山”，有山有海有湖有田的集美人文之美，在闽南文化中自带张力，凸显“向上向善”的集美闽南文化核心。

特有的青石板路，参天古榕，龙舟池边依依三角梅，典型闽南民居“归来堂”，中西结合的学村建筑，中外游客必谒的陈嘉庚陵墓，这些都是集美皇冠上的明珠，让集美更加风姿绰约。

文化是人心底的激情，集美，愿为闽南文化燃烧自我激情。有人说，“集美，是现代闽南文化的佼佼者”；也有人说，“集美，是两岸闽南文化的‘领口’”；还有人说，“集美，给闽南文化注入了嘉庚精神的新鲜血液”……抱着“众人拾柴火焰高”的心态，集美人都一一应允了。

其实，现代闽南文化是以陈嘉庚等一批具有传统闽南文化，又受西方文化影响的闽南人为代表的区域文化。集美人有极强的创业能力和经商天赋，亦商亦儒成风。嘉庚精神的核心“诚毅”二字是对集美闽南文化的创新，符合现代商业社会和法制社会的时代要求。重义求利，成为集美闽南文化的特质。

没有继承就没有创造，今天，新集美人继承先辈留下的宝贵文化遗产，沿袭不断创新、融合的精神，推动闽南文化继续前行。

当代著名诗人、书画家汪国真，是集美英村人，过往岁月几乎每年都要送父母回集美住一段时间。他用诗的语言来认同父母之乡和闽南文化：

离去更觉集美好，
涛声犹胜蝉声。
白帆点点镜般平。
波中镶小岛，

远暗近分明。
一道海堤围海浪，
浪花泪水盈盈。
也知此地赛娉婷。
不可轻漫过，
只好梦中逢。

诗人行走无疆，故土集美有颜。

每当夜幕降临，集美新城灯光璀璨，各大校园熠熠生辉。历史在鳌园水石穿空的拍岸声中，慢慢流淌。静静的龙舟池，成为一道蕴含别致的历史风景。行走之间，不仅感喟建筑之美妙，中西合璧，延揽八面来风，更自豪于集美的闽南文化博大的胸怀。

马銮湾和杏林湾犹如集美的双眸，澄澈明怀，万流归宗。

集美，盛装开放包容、海纳百川的闽南文化，迎迓新一天喷薄的日出。

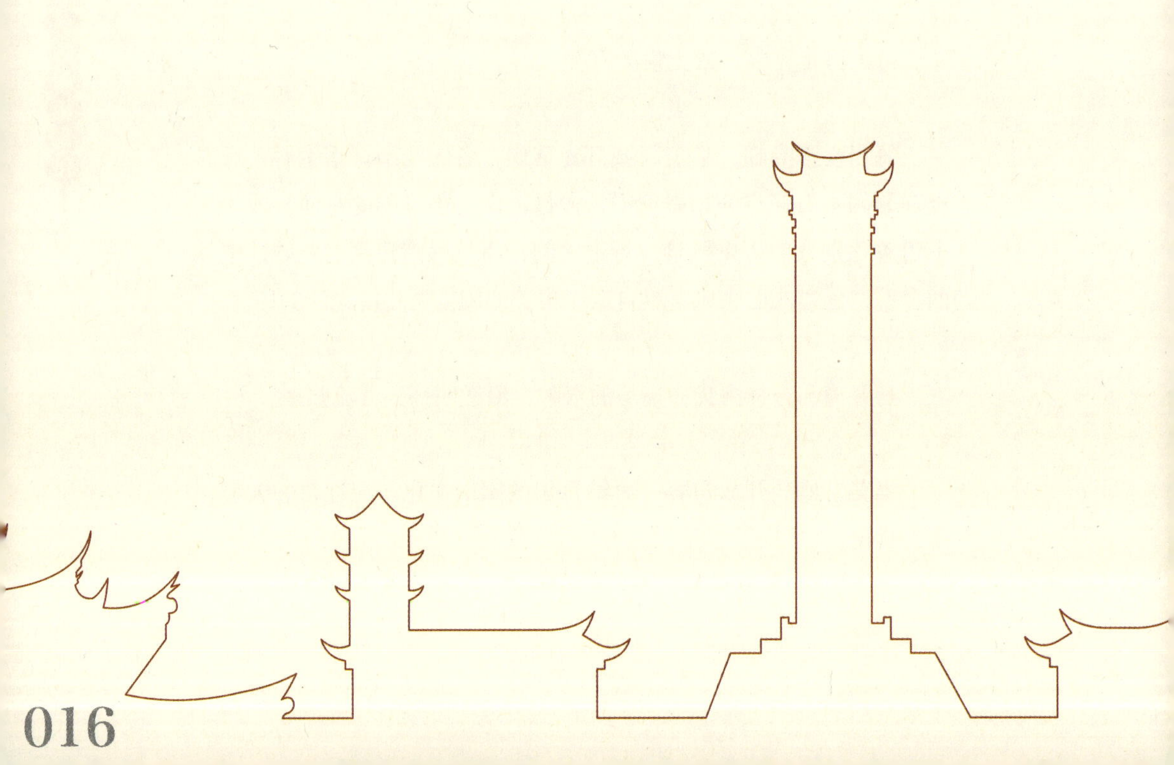

第二章　众神的包容共处
——集美的民间信仰

去到一个地方，人们总好奇那里的信仰风俗，透过那些热热闹闹的香火气，就能了解当地人性格里的某种因子。

信神尚祀是中国南方的传统，尤其以闽南为盛。发端于北方的儒家，主张“敬鬼神而远之”，教化的结果使中原文化具有更强的理性精神。《汉书·地理志》评论东南越人的习俗“信巫鬼，重淫祀”；一千年过去，《宋史》谈到福建的民俗，还是说“其俗信神尚祀”。

这里没有烦琐的宗教习俗，但遇上人生大事，集美人就会到庙宇点燃香烛求保佑。这个时候，往往是人生尤为重要的时刻。

跟其他闽南地区一样，从古至今，集美的民间信仰丰富多彩，有佛、有道、有儒，有观音、有妈祖、有太上老君……各种祭祀、打醮、普度、进香、迎神、绕境巡游、唱戏酬神等宗教活动，已成为集美男女老少参与的大众狂欢，构成了集美民间信仰的文化底色。因此，集美有数不清的大小神灵，过不完的神诞日和节庆，道不尽的宫观庙宇。

庙宇是用来祭祀神灵的，集美的土地上神灵众多，于是庙宇众多。神的影响力小，只有一两个村子的人信仰，就只有一两个小庙；神的影响力大，信众广泛，庙宇就多，规模也大。

至于庙宇里供奉的神灵，可以用“众神共处”来形容。集美的宗教及各信仰点是宽容的、和谐共处的，道教、佛教与儒教各司其职的同时，又“联合办公”，共同保佑这块土地。诸如自然崇拜、动物崇拜、植物崇拜、器物崇拜、孤魂崇拜、乡土神崇拜、行业神崇拜、开基始祖崇拜、王爷崇拜、历史人物崇拜……集美民间信仰中的儒、释、道教相安交融，城隍信仰尤甚；民间传说融神、融人、融物，颇具百姓智慧；分灵与进香、迎神赛会等形式层出不穷。

今天的我们，很难理解集美开基祖先面临的恶劣环境：湿热多雨的气候，丛林密布的山谷，台风频发的海湾，蚊虫如雨的林地，使那时候的集美成为灾难与疾病的温床。

西医传入中国不过一百多年，古代的集美人信神不信医，很难说是思想落后，而是因为他们缺医少药，或者医疗太昂贵。普通人一旦生病，首先求助的就是神灵保佑；对于乡村郎中不能治疗的绝症，拜神求签也是最后的手段。也就是说，在今天看来像迷信活动的求神治疗方式，在历史上的集美，却是正统主流。厘清了这一点，才能深入先人的内心，理解和把握民间信仰的源流与精髓。

因此，集美的民间信仰具有强烈的地方色彩，衍生背景有四个方面的要素：海滨生活形成的海洋信仰，地理环境形成的区域信仰，中原移民带来的汉人信仰，古闽越族的原始信仰。有中原地区古文化的精髓继承，有古百越族的本土习俗融合，有集美山海湖田的因地制宜，经过不断的演变、创造，最终形成集美的民间信仰。历史与地理的重组重叠，使得集美的民间信仰更加丰富多彩、绚烂瑰丽。

一、多神崇拜的民间信仰

多神不只有传统意义上的神，还囊括了大至天、地、日、月、星辰，中至山、川、土地，小至动植物的各路神灵。不仅有生命者可成神灵，即使无生命的器物也可成神灵。这种万物都可成神的观念，主要来自“万物皆能为人类所用”的思想，因此人类就该对其存有感激之情。

如植物崇拜“榕王公”。闽南话将榕树叫作“净树”。榕树是一种非常普遍的“挡风树”，树冠宽广，树龄可达百年以上，夏天可提供避暑纳凉场所，冬可防风防沙，成为直接造福百姓的树种，树龄大的榕树下，常见神龛或小庙，供人顶礼膜拜。

集美的民间信仰不仅是多神崇拜，而且可以多神共祀。儒、道、佛与妈祖、保生大帝等民间神皆可在一起供奉。

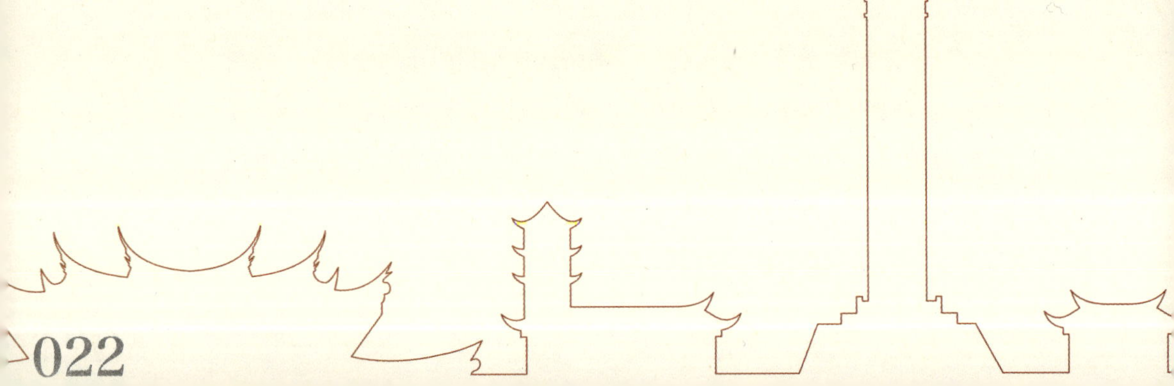

二、敬畏鬼神的大众心理

集美人对神灵固然会崇拜，但对于鬼却不会加以剿灭，以为那样只会使彼此间的敌对加深。于是请神力为其超度，让它超脱鬼魂的国度，或投胎为人，或转化为护佑世人的神。这种化敌为友的观念，充满了民间百姓的智慧。关于鬼与神的关系，作家萧春雷在《保生大帝》一书中是这样描述的：

> 要说清中国人的鬼神信仰是很困难的。大略说来，神在天庭，人处阳间，鬼堕阴府，一般情况下三界互不往来。

神界包括神、仙、佛等具有超能力的神明。神是个泛称，既包括天公雷母这类自然神，也包括包拯、关羽这些死后被敕封的人格神，广义上还包括了佛和仙。佛是佛教的概念，仙是道教的概念。

人死为鬼，鬼包括了所有死在我们前面的人，也包括了祖先。鬼通常直接去了阴间，有些转世投胎为人或动植物，其余就待在地狱忍受煎熬。只有极个别死者，因为功勋盖世，或道德高尚，受到天庭敕封，才会魂魄归天而成神，例如鲁班、张巡、岳飞、文天祥等等。

但中国人是不肯绝望的，所以道家发明了成仙的道路。

成仙可以通过个人的努力达到，按晋代道士葛洪的说法，人可以通过宝精（房中术）、行气（气功）、服药（炼丹术）成仙，有时甚至机缘巧合就行，比如仙人点化或感染仙气，连鸡犬都能升天。葛洪又说，成仙之路有三种，天仙、地仙和尸解仙，前两种都是肉身得道，白日飞升；尸解仙比较下等，要先死以抛弃肉体，再蜕变为仙人。古今成仙的人物众多，例如张天师、麻姑、东方朔等等，明代的《列仙全传》收罗了 581 人。

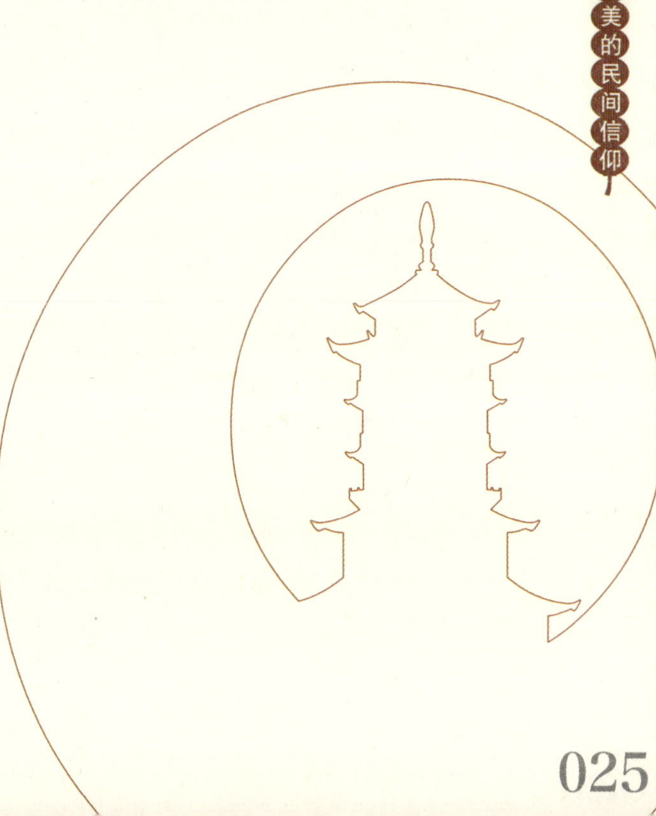

三、人性化的信仰崇拜

集美民间所信奉的这些神灵，大都是由人或物经过某种修为而成的，它们的人性或物性依然还在，所以人们也以其本性来加以看待，认为神也有食、衣、住、行、娱乐之需。

最能体现此特性的有如，作醮时请戏班演戏供其娱乐，完全以人的需要来供奉神灵。具体有：

祖先崇拜：集美人对祖先崇拜的各项活动，大部分自古代的中原延续而来，而这些仪式活动，在集美反而比在中原保存得更完整。集美常见的祖先崇拜习俗有做忌、清明扫墓、冬至祭祖等，会特地满足先人生前的某种嗜好，如为饮酒者备酒。

历史人物崇拜：“借古鉴今，踵武前贤”，集美民间常将历代杰出人物及其事迹，或塑像奉祀，或建庙供奉，寓教化为信仰，借以达成教忠教孝、尊仁崇义的社会风气；并以对历史人物之崇拜信仰，使之成为教育后人效法的楷模。常见崇拜人物主要有至圣先师孔夫子、紫阳夫子朱熹、武圣关公、岳飞、三忠公等，会备供品祭拜，建庙宇供其居住。

千百年来，集美先民融合了中原地区古文化的精髓，交汇古百越族原有的习俗，经过不断的演变、创造而形成自己的特性。集美的民间信仰具有强烈的特性色彩，如璞瓷上釉一般，丰富了闽南文化。

如今的集美，民间信仰不仅成为族群、血脉纽带，具有文化交流的使命，而且体现了虔诚、包容与不排斥性，甚至从某种角度来说，已经具有了文化娱乐的特征。

集美不仅积淀了丰厚的民间信俗文化，还迁播到台湾地区及东南亚各地。集美人下南洋、过台湾，往往带上一包本土神灵的香火，一到客居地，就供祀家中，祈求保佑平安，有条件就建起祠庙祭祀。经过漫长岁月的洗礼，向上向善的民间信俗文化既凝聚了集美当地的民心，也成为两岸民众乃至海内外华侨华人的情感纽带。

集美所辖的两个镇四个街道，我们按一街一镇一代表列举，民间信仰场所主要有：

1. 灌口镇：凤山庙

建于明末，祀奉“李府清源真君二郎神”（李冰父子治水有功，获宋真宗追封为清源妙道真君）。清康乾年间，灌口镇銮井村陈氏族人携凤山庙之香火迁台，分炉于台湾 160 余处，皆尊凤山庙为祖庙，称清源真君为“大使公”。2001 年，凤山庙被定为厦门市第一批涉台文物古迹保护单位，是大陆与台湾同根同祖文化的真实写照。

闽南的街道多是先有庙后有街。灌口老街的凤山祖庙比老街更老，在坊间有这样一种说法，“先有灌口镇，后有老街；先有凤山祖庙，后有灌口镇”。

图 2-1　凤山祖庙大殿
图 2-2　灌口凤山庙碑记
图 2-3　凤山祖庙牌匾

图 2-2

图 2-3

图 2-4

图 2-5

图 2-4　后溪城隍庙
图 2-5　后溪城隍庙牌匾

2. 后溪镇：霞城城隍庙

建于清康熙元年（1662 年）。道光元年（1821 年），陈金城奉请该庙城隍金身赴台，并于咸丰九年（1859 年）在台北大稻埕建霞海城隍庙，其后人于 1991 年据“临海门”牌匾考证集美后溪霞城城隍庙为台湾大稻埕霞海城隍庙的祖庙。现在两岸城隍文化交流规格已经升至国家级。

古时建城必有城隍，朱元璋建立大明王朝后，下诏全国各府、州、县都要建造城隍庙，闽南发展至乡镇都建有城隍庙。霞城城隍庙的建成，不仅说明当时集美后溪霞城地理位置的重要，它是出海上船的埠头，当时每遇涨潮，海水即会涌至城隍庙前，故庙南门名为“临海门”；而且与郑成功和施琅两位活跃于闽台的历史人物有关，霞城又称“城内”城，是军事要塞；还兼具了城隍庙文化典型的寓崇拜为教化的民间信仰特征。

图 2-6　鳌江宫

3. 杏林街道：高浦鳌江宫

朱熹曾著文盛赞高浦“环浦皆山也，襟浦皆水也，山水合则龙聚，龙聚则地真”。鳌江宫居此“高浦千户所城”城中，清乾隆五十六年（1791 年）重建，供祀妈祖。与海相伴的集美之神灵也多与海相关。

闽南的信仰十分接地气，无论神灵的等级大小，皆可委身于街巷市井之中，鳌江宫就是其一。高浦有“宫庙百座，口灶万户”之说，不仅贩夫走卒、归侨同胞、香客百姓，在门前、院内述说着他们的喜怒哀乐、悲欢离合；就连各路宫庙神灵也可相处一方，邻里般和睦相处，共佑福地。

图 2–7　正月十五日，集美大社举行挂香游街活动

4. 集美街道：“挂香游街”

亦名“刈香游街”“挂香巡安”。八百多年来，每年元宵，便是集美大社最隆重且热闹的日子。“开闽王”王审知、“进士祖”陈文瑞等神像被八抬大轿请出沿街转巷，到集美社的房角祖祠和各处巡视，驱邪镇恶确保新的一年各个“角头”（“刈香”至“角头”，就是去祖庙分香火到各社）平安，祈求国泰民安。

大社，最“集美”，文化最文艺。静时，200多栋古民居与华侨建筑就在慢生活文艺基因中静谧古韵；动时，古风吹袭新景，一切被“刈香游街”点燃，宗亲穿越古迹，客人置身其中，蓦然惊觉，“集美”，你真美！文化被传承，娱神也娱人。

图 2-8　集美社祠堂祭拜开闽王

图 2-9　集美社挂香游街的撵轿

图 2-10　英村南岳祖庙

5. 侨英街道：南岳祖庙

建于明清时期，供奉南岳大帝。台北八里乡南岳宫和三重市南圣宫均为南岳祖庙的分炉，南岳祖庙现为厦门市涉台文物古迹保护单位。

闽南宗教信仰应该可以泛称闽台宗教信仰，两岸共福祉。看一看，过海回乡的海峡同胞在哪里找到了他们的根；听一听，对面的乡音和魂牵梦绕的祖源在哪里栖息着他们的精神家园。南岳祖庙的各处台湾分炉告诉了我们答案。

6. 杏滨街道：马銮有应公庙

亦称“屿仔尾宫”“有应公庵”，建于明正统十四年（1449 年）。是为了纪念明代当地抗倭英雄周彝训、周怀炯父子建的。与其他神庙大不相同的是，庙中并没有神像，只有一块石碑，上面刻着“屿仔尾公”四个大字。集美有应公信俗，在 2010 年 6 月被列入第三批市级非遗名录项目。

大海与集美，是一对母子。大海给了集美仙洲之集以庇护，大海也给了集美力量之美以守护。有应公的事迹就是一种团结抗争与恩情不忘的反哺，故有讨海者将“有应公”祭为“海神”崇拜。大海，是开拓者的去途；大海，也是回乡者的归途。据 2000 年的统计，有应公信徒回到集美祭祖者达 16 万名之众，又有多少游子的心漂洋过海回来过。家园，需要守护，宗教信仰就是守护我们共同的精神家园的渠道。

图 2-11

图 2-12

图 2-11　有应宫
图 2-12　有应宫内景

其他的集美宗教信仰场所主要有：

1. 圣果院

位于后溪镇后垵村田厝社东北侧。唐代僧人卓猷肇基建堂，名泗洲堂，后以堂中龙眼树腊月结果易名圣果院。宋代几次兴废，迨至元代，乡人王西畴承而收其物，存其貌。至顺元年（1330 年），其子西隐重建。至正十四年（1354 年），尽毁于兵火。

至正十七年（1357 年），王西隐、延佐父子及住山僧南宗等再建，且增建宗祠于西偏，翌年正月落成。其后自明至清，续有重修重建。院殿坐北朝南，砖石梁木结构，占地 430 平方米，前后两殿，前低后高，中隔天井，均为穿斗构架，面阔 5 间计 13 米，通进深29米。前殿重檐歇山顶，进深4间，内供三世佛；后殿悬山顶，进深3间，内供护国尊王。前殿后墙外立面嵌有石碑3块。右碑为元至正十九年（1359年）《龙山圣果院祠堂内碑记》，左碑为明天启三年（1623年）《重立圣果院祠堂内碑记》，两碑之间有清宣统三年（1911年）《重修圣果院碑》，记述历代废兴修建之事。现为区级文物保护单位。

图2-13 圣果院

图 2-14

图 2-15

图 2-16

图 2-14　圣果院牌匾
图 2-15　珩山圣果院桥碑（清光绪二十二年，1896 年）
图 2-16　珩山重修圣果院桥碑（清宣统元年，1909 年）

2. 皇渡庵

位于后溪镇前进村苏营社东侧，始建年代不详。嘉庆《同安县志》载：“皇渡庵在仁德里苏营南，唐宣宗居邸时尝渡于此。

图 2-17

里人有苏公、陈婆者留宿庵中，具鸡黍。”陈婆去世后，后人遂呼其庵曰“皇渡”。清初，庵圮。道光九年（1829 年）移建今址，翌年和隔年，西、东两庵相继落成。两庵相距 3 米，大小相同，坐西北朝东南，面阔 3 间 5 米，进深 3 间 6 米，为前亭后殿式，穿斗式砖木结构，屋顶为燕尾脊歇山顶。东庵以石构为主，石雕精美；西庵以木构为主，装饰简朴。东庵奉祀“飞天大圣”及“皇帝万万岁”牌位，西庵奉祀保生大帝及苏公、陈婆。道光、咸丰年间，苏营村杨氏、陈氏族人迁台垦殖，皇渡庵香火分炉台湾 60 余处。20 世纪 80 年代以来，台湾苏营族人多次组团返乡寻根进香，并于 1992 年捐资重修皇渡庵。现为市级文物保护单位和涉台文物古迹。

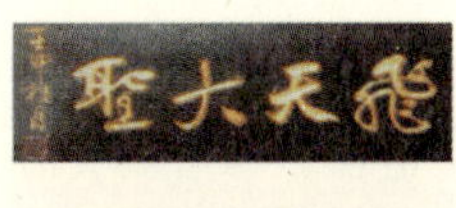

图 2-18

图 2-17　皇渡庵
图 2-18　皇渡庵牌匾

3. 定琳院

位于后溪镇坂头村石兜水库坝址东北。五代始建，几经兴废，清代重建，祀三宝佛。坐北朝南，前、后两殿，面宽 9 米，进深 20 米，两侧及后部禅房、释仔宅已塌。前、后殿均面阔 3 间，后殿进深 3 间 9 米，抬梁式梁架，悬山顶，保存数对清咸丰元年（1851 年）的梭形楹联石柱，石柱下为双层鼓形和覆盆式石柱础。殿内和殿前地面可见清乾隆五十六年（1791 年）重修的捐资石碑和咸丰元年（1851 年）记事小石碑各一方，四周尚散落有八角形石柱础、莲瓣覆盆柱础等。殿前有大石槽，长 3 米，宽 1 米，高 0.9 米。

4. 西亭朝旭宫

位于杏林街道西亭社区湖内村东榕树下。始建于宋，清代重建，1992年重修。坐西朝东，单体单间，面宽6米，通进深11米，主体建筑进深6米，硬山顶，燕尾脊，门上嵌“朝旭宫”石匾。四周为石埕，前部连建方形拜亭。重建时保存清代石构墙基、墙裙、龙纹漏雕石窗及石香炉3个，上有“道光丁亥年”款识。此宫供奉辅顺将军，香火曾传至台湾的台北等地。

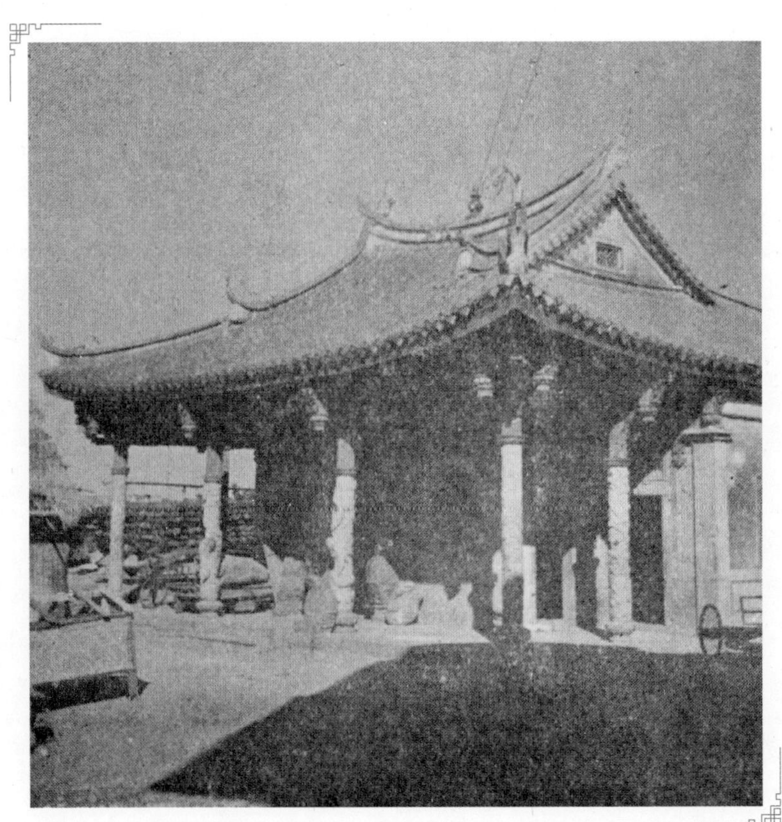

图 2-19　集美龙王宫

5. 龙王宫

位于集美街道银江路51号旁。渊源于中华民族龙文化的象征，建于五代，明清重建、改建。1949年，陈敬贤夫人王碧莲出资重修。1994年，集美陈氏族人集资再修。坐东朝西，前、后两殿，中为小天井，面宽12米，进深16.2米。前殿方形，面阔3间，进深2间，前部为“凹”字形廊道，抬梁式卷棚顶，门前及廊道有抱鼓石1对，龙柱2根、祥云石柱4根等。前殿正门立龙纹石雕“龙王宫”匾，两侧各有一边门，殿内水泥柱及抬梁梁架，歇山顶，祀开漳圣王陈元光和开闽王王审知。后殿为新修建筑，面阔3间，进深1间，祀龙王，后壁悬有龙纹石雕“圣旨”匾，高0.8米，宽0.5米。相传龙王宫始建时，供奉龙君，宫前为码头，每年农历五月初五日和九月十六日举行祭祀活动，出海及对渡厦门亦须祭神保佑。原坐北朝南，明正德年间改为现在朝向。原宫前有旗杆石，现宫内尚存有石匾、石柱、石窗、抱鼓石、柱础及石雕板等建筑构件。

图 2-20 苎溪观音寺

6. 芸溪观音寺

位于后溪镇西部芸溪桥北端。据传建于北宋大观年间，始称泗洲院，供奉泗洲佛。后因改祀观音易名观音寺。历代多次重修。2003 年重修时，于寺前河沟挖出石雕缺首佛像一尊，貌似泗洲佛，修复后供奉寺中。该寺坐西北朝东南，面阔 24 米，进深 27 米，前后两殿，中隔天井，两侧有护廊连接。寺前拜亭阔 5.6 米，深 6.6 米。前殿主祀观音，后殿中为释迦牟尼汉白玉石像，两侧为观音、药师佛、地藏和泗洲佛像。右侧护廊墙嵌砌一石碑，高 2.15 米，宽 0.8 米，碑文记述修寺事宜，立于清道光十年（1830 年），现状完好。寺门两侧石鼓及窗户石雕颇为精美。

图 2-21　板桥智门院

7. 板桥智门院

位于侨英街道东安社区天马山南麓。古名南峰院，元至正年间改名智门院。明洪武四年（1371 年）重修，嘉靖中叶为许缙绅所毁。清康熙四十九年（1710 年）重建单殿，乾隆十九年（1754 年）扩建为两殿，并建文公祠于后。民国十一年（1922 年），新加坡板桥侨裔张扶来出资修建。1996 年，台湾同胞、新加坡华侨捐资重建。前、中、后 3 殿，坐北朝南偏西，东侧建有释仔宅，总面宽 19 米，通进深 35 米，前有水泥埕。前殿面阔 3 间 12 米，抬梁式梁架，三段式屋面和屋脊，平开 3 门，中门悬“智门院”木匾。中殿抬梁式梁架，硬山顶，保留梭形楹联石柱 3 对，重修时石柱表面重琢抛光，厅堂神龛供奉保生大帝。后殿为文公祠，并祀观音大士，面阔 3 间，进深 1 间，由中厅及两侧厢房构成。

图 2-22　东辉山口庙

8. 东辉山口庙

位于灌口镇东辉村西山脚。始建于明洪武元年（1368 年），清代重修，民国四年（1915 年）毁于兵火。民国七年（1918 年），附近东、西二保乡民捐资重建中殿。1992 年，台胞和海外侨胞捐资按清代规模重建。该庙坐北朝南，面宽 13 米，进深 30 米，占地 400 平方米，主体建筑为抬梁、穿斗混合式砖木结构，平面结构为三进两天井式，前、后殿屋顶为双翘脊硬山顶，中殿为重檐歇山顶。前殿为门厅，中殿奉祀开漳圣王陈元光部将辅顺将军马仁、辅胜将军李伯瑶，后殿奉祀观音大士。殿右有两层楼式厢房。

图 2-23　白虎岩

9. 白虎岩

位于后溪镇西、市第二农场崎桌尖山。此处有一巨岩，高15米，厚17米，宽20米，岩下洞口如虎口，俗称虎穴。洞内最宽12米，进深7.5米，高1.5~3米，面积约70平方米。明建文年间(1399—1402年)于洞内建宫，洞口砌石墙，开门，清雍正及同治年间重修。宫内祀白虎神及地藏王，保存有石供桌一张，上有铭文“建文二年置”；石香炉两个，分别镌有“清同治九年重修”和“清光绪辛卯年真隐堂王爷”铭文。洞口上方横镌楷书“壁立朝天”4个字。据《同安县志》记载，此地古时白虎为患，后为僧人制伏，白虎岩因此而得名。宫北有大岩洞，相传古为私塾书房，附近散落旗杆石。现为区级文物保护单位。

图 2-24　兑山金鞍山寺

10. 兑山金鞍山寺

位于侨英街道兑山社区兑山路 1—116 号小区内，当地称“后店宫”。建于明永乐年间（1403—1424 年），后多次修葺，毁于 1959 年“八二三”风灾。1986 年，马来西亚槟城李氏乡谊会出资重建。1992 年，台湾保和宫捐资重修。该寺坐西朝东，由前、后两殿及后部释仔宅组成。建筑面宽 16 米，通进深 39 米，四周围以栏杆，建有亭子、假山、绿化带等，布局如同公园。前殿面阔 5 间，进深 1 间，平开 3 门；后殿面阔、进深均为 3 间，祀奉保生大帝。殿有前廊及两侧廊道，抬梁式梁架，重檐歇山顶。后殿前廊保留一对青石龙柱，上雕八仙人物，工艺精湛。据传清康熙年间，兑山李氏族人迁居台湾芦洲，带去该寺保生大帝、妈祖及池王爷香火，建成保和宫。

图 2-25

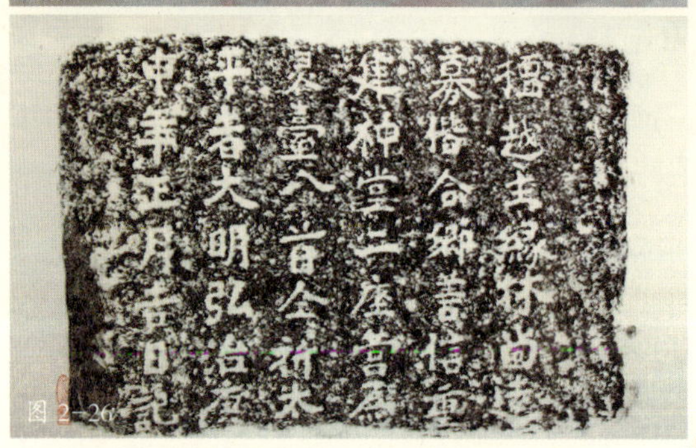
图 2-26

图 2-25　田头洋坑万寿宫

图 2-26　田头洋坑万寿宫檀越募建神堂碑（明弘治十三年，1500 年）

11. 田头万寿宫

位于灌口镇田头村洋坑172号旁，又名三宝庵。始建年代不详，明弘治十三年（1500年）重建，清咸丰二年（1852年）再建，1997年重修。坐西北朝东南，前、后两殿，中以方亭连接，方亭两侧为小天井，天井旁有边廊，宫前有大石埕。建筑面宽15米，通进深21米。前殿面阔5间，进深2间，前为横向门廊，平开3门，抬梁式梁架，悬山顶，三段式翘脊。后殿为敞厅，面阔5间，进深3间11米，前部为宽廊，后部设神龛5个，祀三宝佛、保生大帝及广惠尊王等。殿内石雕龙柱高3.2米，木柱高8.4米，穿斗与抬梁式梁架，重檐歇山顶。整体建筑高大宽敞，保存大量建筑石构件和大部分原有木构梁柱，包括房基、墙裙、墙堵、石狮、抱鼓石、柱础、龙柱、楹联石柱等。后殿东壁嵌有明弘治十三年（1500年）檀越募建神堂碑，宽0.52米，高0.32米。

12. 双岭大伯公庵

位于灌口镇双岭寨内村北越尾山南麓鹧鸪坑。建于明嘉靖四十二年（1563 年），1980 年重修。坐西南朝东北，为单进单体建筑，整体石构，正面敞门，三面以条石围砌，面阔 2.5 米，进深 3 米，断面呈“人”字形两坡屋面，翘脊。庵内设“几”字形石案，供祀大伯公神祇。保留有清嘉庆二十二年（1817 年）石香炉 1 只。门梁条石横镌“大明嘉靖癸亥捌月旦日堡众仝立”。

13. 上塘瑞塘宫

位于灌口镇上塘村上塘社 183 号。始建于明，清代重建，1988 年再修。坐东南朝西北，前、后两殿，中为天井及两侧廊庑，面宽 8 米，通进深 17 米。前殿面阔 3 间 8 米，进深 2 间，前为门廊，平开三门，穿斗式梁架，硬山顶，三段式翘脊，两坡各 4 条垂脊。后殿为敞厅，面阔 3 间，进深 3 间，抬梁式梁架硬山顶，燕尾脊，厅内主祀保生大帝及娘祖妈、注生娘娘。前、后殿各保存有一对龙柱和房基、墙裙、柱础、楹联石柱等，前殿门廊龙虎壁嵌童子花纹石雕板，雕刻精美。

图 2-27　西滨清惠宫

14. 西滨清惠宫

位于杏滨街道西滨社区西滨中路 179 号。因西滨陈氏先祖名陈清惠，故名。始建年代不详，明、清两次重建，近年重修。坐东朝西偏北，单体建筑，面阔、进深均 3 间 9 米，宫前有砖埕。建筑前部横向檐廊，平开三门，中门上悬“清惠宫”匾，抬梁式梁架，悬山顶，燕尾脊。殿内设神龛，上悬清道光元年（1821 年）“神威赫耀”匾，供奉大使公。北壁嵌明嘉靖四十二年（1563 年）《复业记》碑。碑宽 0.63 米，高 1.44 米，连座通高 1.94 米。保留有原石木构件及镂雕石窗、楹联石柱、门口石狮等。

图 2-28　西滨大明庵

15. 西滨大明庵

位于杏滨街道西滨社区西滨路46号旁。始建于明，清代重建，1990年重修。坐东北朝西南，主体为单体建筑，面阔3间12米，进深3间13米，前有水泥埕，东侧建有附属的三层楼房。主体建筑前部为横向长檐廊，平开三门，中门悬“大明庵”木匾，中厅设神龛，上悬“慧光广泽”匾，为清代旧物，龛内供奉三宝佛，两侧供保生大帝和姑妈祖。建筑中保存大量明代及清代建筑石木构件，有明正德五年（1510年）楹联六角石柱和清光绪十四年（1888年）楹联六角石柱等，存有清光绪年间石香炉1只。

图 2-29　东宅玉石宫

16. 东宅玉石宫

位于后溪镇东宅村白石二里1号旁。建于明代，清代重建，1965年重修。清道光十四年（1834年），白石连文焕迁居台湾淡水。1999年，台湾连氏回乡寻根，捐资重建玉石宫，翌年落成。该宫坐东北朝西南，前、后两殿，中有方亭连接，两侧小天井，殿东建释仔宅，总面宽17米，通进深18米。前殿面阔3间10米，进深2间，前为横向长檐廊，雕龙石柱1对，平开3门，门上悬“敕封玉石宫保生大帝”匾，三段式翘脊；后殿为敞厅，面阔3间，进深3间10米，抬梁式梁架，殿中神龛供奉保生大帝，上悬“保我黎民”木匾。殿内保留大量清代建筑石构件，包括前殿门面墙堵、墙基石及楹联门框、龙柱等。楹联为“白礁神医秘传一线，玉石帝泽普济群生”。殿内尚存清嘉庆十一年（1806年）麒麟纹石香炉1个。

图 2-30　高浦西竺寺
图 2-31　重修西竺寺缘题芳名碑（民国二年，1913 年）

17. 高浦西竺寺

位于杏林街道杏林东路 56 号。建于明末清初，清嘉庆十三年（1808 年）及民国二年（1913 年）重修，“文化大革命”时被毁，1990 年和 1999 年翻建。坐南朝北，前、后两殿，左、右为二层释仔宅，均为钢筋混凝土结构梁架，总面宽 27 米，通进深 36 米。前殿为天王殿，面阔 3 间 11 米，重檐歇山顶；后殿为大雄宝殿，面阔 3 间，二层楼阁重檐歇山顶结构，一层厅堂供奉观音菩萨。后殿保留部分原有墙基、墙裙、柱础及 3 对镌刻行草楹联石柱，分别落款“嘉庆戊辰年”及“民国二年”。前殿后廊立有民国二年（1913 年）《重修西竺寺缘题芳名》碑，碑宽 0.68 米，连碑座通高 1.57 米。

18. 深青茂林庵

位于灌口镇深青村东。始建年代不详，清康熙三十年（1691年）重修为前后二殿。民国初，前殿毁于兵火。1995年重建后殿，面宽22米，进深30米，占地660平方米。穿斗式砖木结构，屋顶单翘脊硬山顶。2006年，村民集资重建时，增建前殿、中殿及廊庑。庵内奉祀清水祖师、大使公等民间神祇。现存部分清代石木建筑构件及康熙三十年（1691年）安溪彭岩赠送之功德碑一方。

图 2-32

图 2-33

图 2-34

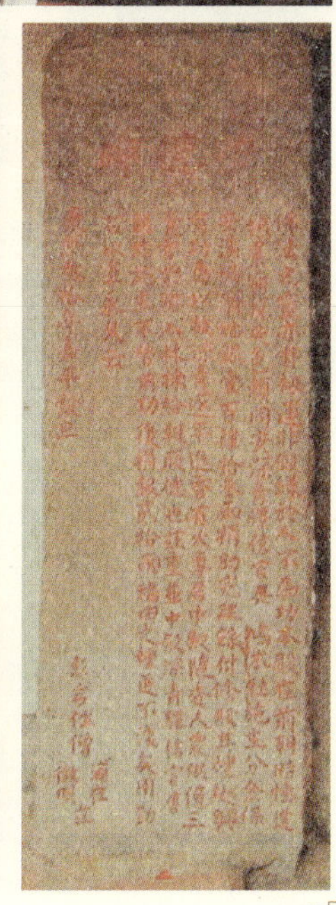

图 2-32　茂林庵全景

图 2-33　茂林庵内的精美泥塑

图 2-34　茂林庵供奉的神像及功德碑

图 2-35

图 2-36

图 2-37

图 2-35　净心堂碑（光绪元年，1875 年）

图 2-36　顶许净心堂

图 2-37　顶许净心堂龙柱及香炉

19. 顶许净心堂

位于灌口镇顶许村下许社 63 号旁。始建于清雍正九年（1731 年），道光十二年（1832 年）重建，民国十二年（1923 年）重修。“文化大革命”期间改为仓库，神像被毁。2000 年和 2007 年，先后翻修后殿和前殿。因中门对联为本乡进士许捷标题写而俗称“进士庵”。坐东北朝西南，前、后两殿，中有方亭连接，两侧有小天井和廊道，面宽 14 米，通进深 21 米，前有大石埕。前殿抬梁式梁架，三段脊，面阔 5 间 14 米，进深 3 间，前部为宽檐廊，平开 3 门；后殿抬梁式梁架，硬山顶，燕尾脊，面阔 5 间 16 米，进深 3 间 9 米，明间及次间为敞厅，梢间为偏房，中厅供奉三宝佛。堂内供奉神明甚多，有清水祖师、保生大帝、释迦牟尼佛、阿弥陀佛、药师佛、弥勒佛、观音、关帝、哪吒、阎罗王、玄天上帝、神农氏、代天巡狩王爷公、注生娘娘、虎仔爷、福德正神等，佛、道、神参融共处。建筑中保留大量青石雕龙柱、门墩、石柱础、楹联石柱、门框门楣、石雕板等，另有清光绪《净心堂》残碑和碑座、雍正九年（1731 年）带座石香炉和道光二十二年（1842 年）石香炉各 1 只。

图 2-38　西井铁炉宫

20. 西井铁炉宫

位于后溪镇西井村，因面对铁炉山得名。始建于清乾隆十三年（1748 年），原坐西向东，规模较小。道光元年（1821 年）拓建，改为坐西南朝东北，匾额“允塞天地”为石兜人琉球副使吴安邦所题。因风雨侵蚀，中华人民共和国成立后已破旧衰败。1992 年，台湾鹿草西井陈氏族人回乡谒祖进香，随行台胞黄德旺于 1995 年捐资重建，1997 年竣工。该宫面宽 8 米，进深 30 米，占地 240 平方米，抬梁、穿斗混合式砖木结构，屋顶为重檐歇山顶，平面呈两进一天井式，正殿供奉关帝及乡神松王大神。

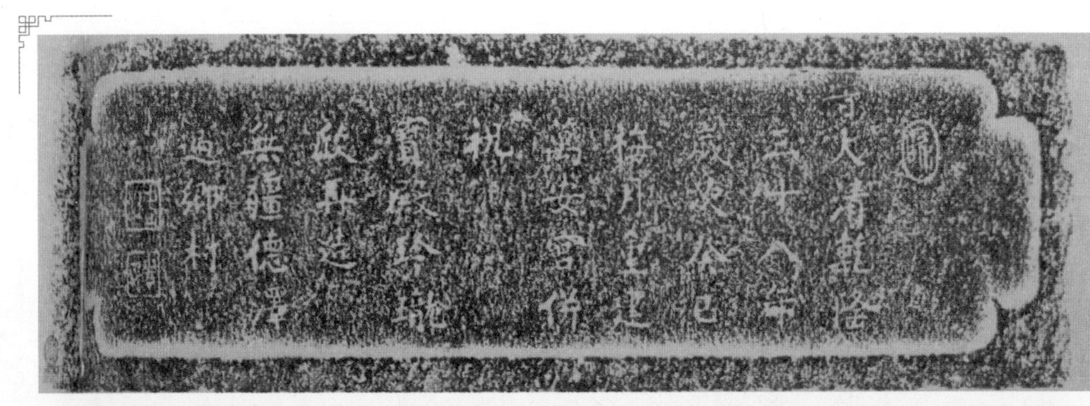

图 2–39　重建万安宫碑（清乾隆三十八年，1773 年）

21. 大岭万安宫

位于灌口镇田头村大岭自然村 196 号旁。始建年代不详，清乾隆三十八年 (1773 年) 重建，2000 年重修。坐北朝南偏西，前、后两殿，中为天井及两侧廊庑，面宽 8 米，通进深 18 米，前有水泥埕。前殿抬梁式梁架，三段式翘脊，面阔 3 间，前为横向门廊，平开 3 门，中门悬“万安宫”匾，门前有石狮 1 对；后殿为敞厅，燕尾脊，硬山顶，面阔 3 间，进深 3 间 10 米，前有石雕龙柱 1 对，供奉保生大帝。建筑中保留较多清代建筑石构件，包括房基、柱础、墙堵、门框、数对楹联石柱、麒麟纹石雕板及龙柱、石狮等，门楣镌刻“时大清乾隆三十八年岁次癸巳梅月重建万安宫……”等铭文。

图 2-40

图 2-41

图 2-40　锦园宫石构件
图 2-41　锦园妈祖庙

22. 锦园宫

位于杏滨街道锦园社区锦北路58号旁。建于清乾隆四十年（1775年），清嘉庆九年（1804年）重修，20世纪90年代重修。坐东南朝西北，前、后两殿，中为天井及两侧廊庑，面宽9米，通进深18米，前有石埕。前殿面阔3间9米，进深1间，前为横向檐廊，平开3门，门上悬乾隆四十年（1775年）“锦园宫”木匾，三段式翘脊；后殿为敞厅，面阔3间，进深3间10米，抬梁式梁架，厅内神龛供奉观音菩萨，上悬“观音堂”匾。建筑中保存大量原有石构房基、墙裙、墙堵及木构梁柱等，并有多对楹联石柱，多有落款“嘉庆甲子年”。后殿保留嘉庆九年（1804年）石雕龙柱1对。

23. 大岭头安泰宫

位于灌口镇田头村大岭头山顶，海拔 570 米。始建于清嘉庆三年（1798 年），由同安、长泰两县族贤、乡亲捐资兴建，2001 年重修。为单间单体建筑，坐西南朝东北，面宽 3.8 米，进深 4.8 米，石埕 3.7 米。建筑整体由花岗岩条石和石板砌建，正墙嵌“福德正神”石碑，祀土地公。宫内保存清代石香炉 1 只。宫旁立有清光绪十八年（1892 年）《同安、长泰交界碑》，碑宽 0.53 米，高 0.96 米。

24. 坑内昭灵宫

位于灌口镇坑内社233号南侧。建于清嘉庆十二年（1807年），1994年翻修。坐东北朝西南，前、后两殿，中为天井及两侧廊庑，面宽10米，进深17米，宫前有水泥埕。前殿抬梁式梁架，三段式翘脊，面阔3间，进深2间，前部为横向长檐廊，中门悬“昭灵宫”匾；后殿抬梁式梁架，硬山顶，燕尾脊，面阔3间，进深3间9米，厅内供奉保生大帝。建筑中保留部分石构房基、墙裙、柱础、楹联石柱、龙虎壁石雕、八仙纹门楣等。另有清光绪十七年（1891年）石香炉2只。

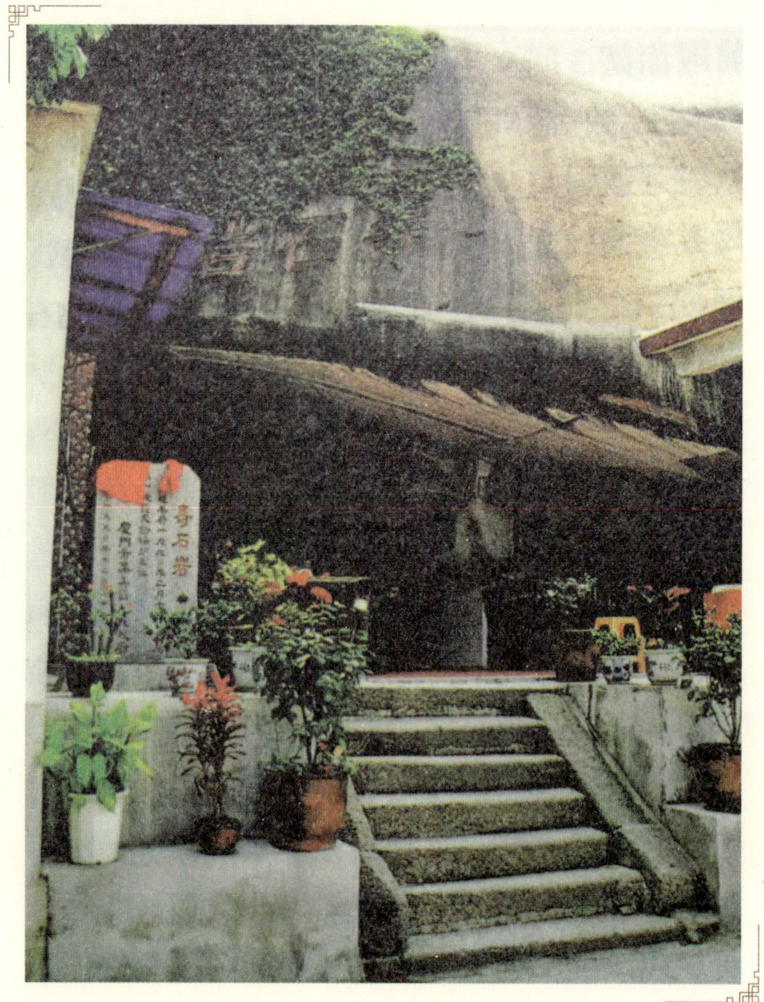

图 2-42　寿石岩

25. 寿石岩

位于后溪镇岩内村北岩内水库东侧，又称岩内宫。始建年代不详，明崇祯年间与清雍正年间重修，1989 年、1991 年、2007 年再次修葺。2007 年重修时，于洞口岩壁新镌“寿石岩”字，地面铺设釉面花砖。该宫坐东南朝西北，建于巨岩之下。洞宽 4 米，进深 7.5 米，最高 8 米，殿中神龛供祀观音佛、三宝佛。宫前立有清宣统元年（1909 年）《寿石岩》碑，宽 0.46 米，高 1.37 米，厚 0.22 米。碑旁另有 1989 年和 1991 年所立《寿石岩重修碑》2 方。现存有摩崖石刻 4 处。现为区级文物保护单位。

图 2-43

图 2-44

图 2-43　排前山峰宫

图 2-44　重修山峰宫碑

26. 排前山峰宫

位于灌口镇上塘村排前社179号。始建年代不详，清嘉庆二十五年（1820年）迁此重建，清光绪八年（1882年）重修，2008年复修。坐东朝西偏北，前、后两殿，中有天井及两侧廊庑，面宽10米，通进深19米，前有石埕。前殿面阔3间，进深2间，前为横向门廊，平开3门，穿斗式梁架，三段式翘脊；后殿为敞厅，面阔3间，进深3间，抬梁式梁架，硬山顶，燕尾脊，供奉娘祖妈，即王姬娘娘（唐代张巡三夫人），悬有清道光二十七年（1847年）“群仰母仪”匾额。建筑中保留大量原建筑石构件和木构梁架，有墙基、墙裙、石雕板、石狮、石柱、柱础等。前殿南壁嵌有清光绪八年(1882年)青石重修碑，宽1.4米，高0.87米。

27. 坑内灵山宫

位于灌口镇坑内村前山社195号旁。始建时间不详，清道光十四年（1834年）重建，1997年重修。坐东南朝西北，前、后两殿，中为天井及两侧廊庑，北侧连接新建的释仔宅，总面宽18米，通进深19米。前殿抬梁式梁架，三段式翘脊，面阔3间10米，进深2间，前部为横向檐廊，平开3门，中门悬“灵山宫”匾，檐廊有清道光十四年（1834年）八角形楹联石柱；后殿抬梁式梁架，硬山顶，燕尾脊，面阔3间，进深3间10米，殿前有石雕龙柱一对，厅内神龛供奉保生大帝。建筑中保留大量清代石构件和部分木构梁架等，其中清道光年间的楹联石柱、石狮、龙柱具有较高的文物价值。宫前墙边立有清末民初《筑灵山宫室仔寺碑记》，宽0.48米，高0.8米。

28. 铁山忠惠宫

位于灌口镇铁山里111号。建于清道光十八年（1838年），2005年重修。坐东南朝西北，前、后两殿，中有方亭连接，两侧小天井，总面宽8米，通进深15米，前有水泥埕。前殿面阔3间，进深2间，前为横向檐廊，凹寿门，抬梁式梁架，三段式翘脊；后殿为敞厅，抬梁式梁架，硬山顶，面阔3间，进深3间8米，厅内神龛供奉忠惠尊王王审知，奉同安北山广利庙为祖庙。建筑中保存大量原石木构件，包括木构梁架、石构房基、石雕墙裙、墙堵、门楣、漏窗、门梁、柱础、石柱、石狮等，前殿门旁石狮及后殿檐廊石雕龙柱雕刻精美，另有清代石香炉2只。天井东壁立有清光绪三十一年（1905年）《公约碑记》，为打铁珩社众族长严禁聚众赌博所立公约，倭角长方形，宽0.51米，高0.91米。

图 2-45

图 2-46

图 2-45　孙厝云
龙岩宫

图 2-46　孙厝云
龙岩的一对透雕八仙盘龙青石柱

29. 孙厝云龙岩宫

位于侨英街道孙厝社区乐安南里 128 号与 197 号之间。始建于明，清代重建，民国十七年（1928 年）、1956 年和 1980 年，陈嘉庚、孙炳炎三次重修和修缮。坐东朝西偏北，前、后两殿，中有方亭连接，两侧小天井，南侧新建释仔宅，建筑总面宽 16 米，通进深 23 米。前、后殿均为抬梁式梁架，前殿面阔 3 间 9 米，进深 1 间，凹寿门，门前两侧有石狮 1 对；后殿面阔 3 间，进深 3 间 9 米，中央神龛悬有“敕封惠应大师”木匾，供奉真异惠应大师。中央方亭为四龙柱卷棚顶。殿内保留较多的清代建筑构件，包括门前石狮、龙柱、楹联石柱、麒麟纹石香炉等，具有较高的文物价值，香火分炉台湾地区及东南亚。

30. 马銮昭应宫

位于杏滨街道马銮海口路 55 号旁。始建年代不详，清道光十八年（1838 年）重建，民国时重修。该宫坐东朝西偏南，前、后两殿，中为天井及两侧廊庑，面宽 9 米，通进深 19 米，前有石埕，前殿抬梁式梁架，三段式翘脊，面阔 3 间，进深 2 间，平开 3 门，中门悬“昭应宫”匾，前有宽檐廊。后殿为敞厅，抬梁式梁架，重檐歇山顶，面阔 3 间，进深 3 间 10 米，供奉保生大帝和大使公。天井两侧廊立有新旧碑 6 方，其中清道光二十年（1840 年）《重修昭应宫碑记》1 方，宽 0.76 米，高 1.67 米；民国十一年（1922 年）《重修昭应宫碑记》1 方，宽 0.56 米，高 1.56 米，碑文为杜四端所撰。宫内保存原木构梁架和大量精美石雕，包括前殿门侧石狮 1 对，前、后殿龙柱各 1 对及龙虎壁、麒麟纹墙裙等，另有大量落款清道光十八年（1838 年）的楹联石柱，字体有楷、隶、篆等。

图 2-47

图 2-48

图 2-49

图 2-47　重修昭应宫碑（道光二十年，1840 年）
图 2-48　重修昭应宫碑（民国十一年，1922 年）
图 2-49　昭应宫

图 2–50　陈井定光堂

31. 陈井定光堂

位于灌口镇陈井村一里160号。始建时间不详，清道光二十一年（1841年）重建，光绪三十三年（1907年）修葺，2000年重修两侧廊庑及部分梁柱、屋顶。坐东朝西，前、后两殿，中为天井及两侧廊庑，南侧连建释仔宅，总面宽17米，通进深22米，前有水泥埕。前殿抬梁式梁架，三段式翘脊，面阔3间11米，进深2间，前为横向门廊，平开3门，中门悬“定光堂”匾；后殿为敞厅，抬梁式梁架，硬山顶，燕尾脊，面阔3间，进深3间11米，厅内供奉保生大帝、大使公及妈祖等。建筑中保存原有木构梁架、石柱、柱础及石雕墙堵等建筑构件。前、后殿各有龙柱一对，后殿有道光二十一年（1841年）楹联石柱。

图 2-51　马銮天后宫

32. 马銮天后宫

位于杏滨街道马銮大路185号旁。始建于清道光二十九年（1849年），20世纪60年代因年久失修倒塌，1996年重修。该宫坐西朝东偏南，前、后两殿，中有方形卷棚顶拜亭连接。面宽9米，通进深19米。前殿三段式翘脊，面阔3间，进深2间，前为横向宽廊，平开3门，门上悬“天后宫”匾。后殿为敞厅，抬梁式梁架，硬山顶，燕尾脊，面阔3间，进深3间11米，厅中神龛供奉妈祖。殿内保存大量原建筑石构件，除房基外，尚有前殿廊道青石龙柱、石狮及麒麟纹石雕墙裙等，另有清道光年间石香炉1个、抱鼓石1对。

图 2-52　李林征善堂

33. 李林征善堂

位于灌口镇李林村536号。始建年代不详，清道光年间重修，2000年再修。坐西朝东，前、后两殿，中有天井及两侧廊庑，面宽12米，通进深19米，前有砖埕，总占地约500平方米。前殿面阔3间，进深2间，前为宽门廊，平开3门，穿斗式梁架，三段脊。后殿为敞厅，面阔3间，进深3间10米，抬梁式梁架，硬山顶，燕尾脊，厅内供奉准提菩萨、保生大帝及清水祖师。建筑中保留大量建筑石构件和部分木构梁架，包括房基、墙裙、石雕墙堵、石窗、龙柱、石柱、石狮等。建筑以中轴线为界，左右两部建筑石构件用材不同，尤具特色。

图 2-53　内林永济宫石构件

34. 内林永济宫

位于杏林街道内林社区内中里 211 号旁。始建于清咸丰五年（1855 年），1987 年重修。坐北朝南，为单体大厝式建筑，抬梁式梁架，硬山顶，燕尾脊，面阔、进深均为 3 间 11 米，前为横向长檐廊，平开 3 门，中门悬“永济宫”匾，厅内神龛供奉保生大帝。建筑内保存部分原房基、墙裙等石构件，檐廊立有雕龙石柱 1 对，大门旁石狮 1 对，另有清咸丰五年（1855 年）楹联石柱 2 对。

图 2-54　鹤浦鳌江西安宫

35. 鹤浦鳌江西安宫

位于杏林街道高浦社区鹤浦路 56 号旁。始建年代不详，清咸丰七年（1857 年）重建，1982 年重修。坐北朝南偏东，前、后两殿，中为天井及两侧廊庑，面宽 10 米，通进深 22 米，前有石埕。前殿面阔 3 间，进深 2 间，平开 3 门，中门悬“西安宫”木匾，门前为横向宽檐廊，立有石雕龙柱一对，三段式花脊；后殿面阔 3 间，进深 3 间 12 米，抬梁式梁架，硬山顶，燕尾脊，厅内神龛供奉保生大帝。建筑中保留大量原建筑石构件，包括前殿龙虎壁、石雕墙堵、楹联石柱、石柱础、石雕窗、石狮、龙柱等，并多有“咸丰七年”或“咸丰丁巳年”落款。前殿门前正中的石构御道和中央天井的方形祭坛颇具特色。

36. 浦林东亭宫

位于灌口镇浦林村刺林内社 315 号旁。始建年代不详，清光绪二十三年（1897 年）重建，2004 年重修。坐北朝南，前、后两殿，中为天井及两侧廊庑，面宽 3 间 8 米，通进深 20 米，前有石埕。前殿正面为青石雕墙面，三段脊，后殿供奉保生大帝和注生娘娘。建筑中保留清光绪二十三年（1897 年）八角楹联石柱及部分原有建筑石构件。宫墙外西壁立有清光绪二十三年（1897 年）《东亭宫后殿碑记》2 方，倭角，均宽 1 米，高 2.13 米。

37. 黄庄福寿宫

位于灌口镇黄庄里285号旁。始建年代不详，清光绪二十五年（1899年）重建，2002年重修。坐北朝南偏西，前、后两殿，中为天井及两侧廊庑，面宽10米，通进深17米，前有水泥埕。前殿抬梁式梁架，三段式燕尾脊，面阔3间，进深2间，前部凹寿门；后殿为敞厅，抬梁式梁架，硬山顶，燕尾脊，面阔3间，进深3间，厅内神龛供奉保生大帝。宫内保存大量精美的建筑石构件，前檐廊有石雕墙裙、墙堵、石窗及龙虎壁等，另有多对清光绪二十五年（1899年）楹联石柱及各式石柱础。前殿墙边立有清光绪二十五年（1899年）《重修福寿宫缘碑》，但已断成两截。

图 2-55　朝元宫

38. 杏林朝元宫

位于杏林街道杏林社区苑东路 208 号。始建年代不详，清光绪三十一年（1905 年）重建，1970 年倒塌，1990 年重建。坐南朝北偏东，前、后两殿，中有方亭连接，方亭两侧小天井，面宽 10 米，通进深 17 米，前有石埕。前殿面阔 3 间，进深 2 间，穿斗式梁架，硬山顶，三段式翘脊，前为宽廊，平开 3 门，中门悬“朝元宫”匾；后殿为敞厅，面阔 3 间，进深 4 间 11 米，抬梁式梁架，硬山顶，燕尾脊，厅内供奉保生大帝。建筑内保存大量清代建筑石构件，包括房基、墙裙、柱础、多对楹联石柱，前殿保存清光绪三十一年（1905 年）石雕龙柱 1 对，后殿供桌有大砗磲香炉。殿前立有清光绪七年（1881 年）《重修朝元宫碑记》，碑宽 0.9 米，高 1.6 米，厚 0.2 米。

图 2-56　石兜真德殿

39. 石兜真德殿

位于后溪镇西、市第二农场场部东面公路旁。明初，吴学德由龙海白礁迁居石兜，携来白礁慈济宫吴真人金身，供奉于石兜叶氏佑启堂。清光绪间，石兜乡民捐资兴建真德殿，专奉吴真人。1957 年，兴建石兜水库，真德殿被淹没。1990 年，迁居台湾新竹的吴氏宗亲回乡寻根，于 1992 年捐资择地重建。该殿坐西北朝东南，抬梁穿斗混合式砖木结构，屋顶为双翘脊硬山顶，面宽 18 米，进深 30 米，占地 540 平方米。平面结构为二进一天井式，左右为护厝。前殿设天公坛，后殿供奉吴真人。

图 2-57　马銮銮美宫

40. 马銮銮美宫

位于杏滨街道杏林南路72号旁的丁字路口。始建年代不详，清代光绪年间(1875—1908年)重建，毁于1959年“八二三”风灾，1990年重修。坐西南朝东北，前、后两殿，中为天井及两侧廊庑，面宽9米，通进深18米，前有石埕。前殿抬梁式梁架，三段式翘脊，前后各4条垂脊，面阔3间，进深2间，前有宽廊道，平开3门，中门悬“銮美宫”匾；后殿为敞厅，抬梁式梁架，燕尾式翘脊，面阔3间，进深3间，供奉保生大帝。建筑中保留大量精美石构件，包括房基、柱础和前殿门面的石雕门楣、人物故事墙堵、龙虎壁等，另有楹联石柱8对，落款有“光绪乙酉年”“光绪丙戌年”两种。

41. 浦林龙西宫

位于灌口镇浦林村杜岱社35号旁。建于清代，坐东朝西偏南，为单体建筑，面阔3间9米，进深3间10米，前有水泥埕。建筑为大厝式，抬梁式梁架，硬山顶，燕尾脊，前为横向廊道，中开大木门，殿内有对称楹联石柱4根，殿内设神龛，供祀保生大帝，梁架悬有“保生大帝”木匾，落款为“维乾隆庚子年桂月谷旦”和“信士潘克侯次房……”。殿内存有清代石香炉4只，神龛后壁和殿厅两侧保留有1950年所绘“注生娘娘”“阎罗天子”“说唐故事”墨彩壁画，精细传神。建筑基本保存清代建筑风格的原有石木构件和梁架。

42. 李林仑峰宫

位于灌口镇李林村中仑社 227 号。始建年代不详，清代重建，20 世纪 90 年代重修。坐东朝西偏北，为单间单体建筑，硬山顶，燕尾脊，面阔 1 间 5 米，进深 1 间 7 米。

图 2-58　泽深宫外景

图 2-59　泽深宫内景

43. 深青泽深宫

位于灌口镇深青村深青里71号。始建年代不详，清代重修，20世纪50年代翻修梁架及屋面，1994年再度重修。坐东南朝西北，前、后两殿，南侧连建释仔宅，面宽、进深均为18米。前殿抬梁式梁架，三段式花脊，面阔3间10米，3门，中门楹联“大德广生封大帝，深仁厚泽镇深青”。后殿为敞厅，硬山顶，燕尾脊，前檐廊梁架由1对龙柱和4根方石柱支撑，殿内供奉保生大帝。宫内保留大量清代建筑石构件，并有清光绪二十二年（1896年）石香炉1只。现为厦门市涉台文物古迹保护单位。清中期，深青苏氏族人奉该宫保生大帝香火迁移台湾高雄路竹乡等地，建有东安宫。

图 2-60　仓上极山岩宫

44. 仑上极山岩宫

位于后溪镇仑上村大社一里 91 号北侧。始建年代不详，清代重建。民国三十七年（1948 年）毁于火灾，1992 年重建。坐西朝东，前、中、后三殿，南侧附建一列平房（释仔宅）为文公祠，平房后部为二层小楼。主体建筑面宽 19 米，通进深 22 米，前部有石埕。前殿琉璃瓦花式屋脊，面阔 3 间 9 米，凹寿门，上悬“极山岩”木匾；前、中殿以方亭连接，中殿供奉护国尊王，后殿以墙体隔成 3 间。建筑内保留少量石构房基、台阶等建筑构件，前埕立旗杆石 1 对。清乾隆年间，仑上埕边黄氏族人奉该宫护国尊王金身迁居台湾台北三重。1989 年，台湾黄氏族人回乡寻根，捐资在原址重建，1992 年建成。

45. 双观庵、潮海宫

位于灌口镇第一社区双观里 1 号。建于清代，1988 年和 2005 年两次重修。由相距两米的东、西两庵组成，前有水泥埕。两庵坐北朝南偏东，均为单间单进建筑，悬山顶，燕尾式花脊。东为潮海宫，始建于清顺治年间，供奉保生大帝和水仙神；西为双观庵，始建于清道光三十年（1850 年），供奉代天巡狩王爷公。双庵合称“双观庵、潮海宫”，俗称或简称“双观庵”。宫内保留少量原房基等石构件，并保留清嘉庆五年（1800 年）和道光三十年（1850 年）石香炉各 1 只。潮海宫前立有清光绪二年（1876 年）《福建巡抚禁示碑》（即《抚宪丁示碑》），由两块长方形碑组成，其一宽 0.84 米、高 1.76 米，另一宽 0.7 米、高 1.7 米。

46. 深青保宁宫

位于灌口镇深青里 277 号前。建于清代，1997 年 2 月重修。坐西北朝东南，为单间单进建筑，马鞍脊，硬山顶；前部连建方形拜亭，面阔 5 米，通进深 10 米。殿内供奉赵子龙（赵云）。建筑中保留原石构墙裙、墙堵、门框、门梁、门墩、石窗等，门框石刻楹联为“战胜推常山第一，勋名夸蜀郡无双”。殿内有漆金木雕麒麟纹灯梁托木。

图 2-61　固元宫

47. 杏林固元宫

位于杏林街道杏林社区苑东路 190 号。始建年代不详，清代重建，1989 年重修。坐南朝北偏西，前、后两殿，中有方亭连接，两侧为天井，面宽 8 米，通进深 14 米，宫前有石埕。前殿土形山尖马鞍脊，面阔 3 间，进深 2 间，前为横向长檐廊，平开 3 门；后殿抬梁式梁架，土形山尖马鞍脊，面阔 3 间，进深 2 间，供奉妈祖。殿内保存较多清代建筑石构件，包括房基、柱础、石柱、石狮及楹联石柱等，楹联为“水德配天威巩固，母仪称后合坤元”。

图 2-62　广利庙石香炉（1808 年）

图 2-63　广利庙

48. 前场广利庙

位于杏滨街道前场社区柿树73号旁。始建年代不详，清代重建，1992年重修。坐东朝西，前为石阶平台，前、后两殿，中为天井及两侧廊庑，面宽8米，通进深16米。前殿面阔3间，进深1间，前部为横向长檐廊，平开3门，中门悬“广利庙”匾，抬梁式梁架，三段式翘脊；后殿为敞厅，面阔3间，进深3间，供奉开闽王王审知，抬梁式梁架，硬山顶，燕尾脊。建筑中保存原有石构墙基、墙裙、抱鼓石多对覆盆柱础及部分木构柱梁、门窗等，存有石香炉1只，上有“清嘉庆戊辰年”字样。

49. 柴场上帝宫

位于后溪镇后溪村柴场自然村西侧。坐南朝北，为单体单间建筑，硬山顶，燕尾脊，面宽 5 米，进深 7 米。正面开小门，两侧有小圆形竹节石雕窗，门两侧保留夔龙纹石雕柜台脚。庙内供奉玄天上帝，供台下有虎神灰塑。每年农历十月十五日举行祭祀活动。

第三章　从生计到文化旅游
——集美讨小海

图 3-1　海边垂钓

“讨小海”不同于“讨海”，讨海是出海捕鱼，向大海要生计，需要渔船和成套的捕捞工具；讨小海则不同，不需要渔船，只要有海湾和滩涂的地方，就可以讨生计。

出海捕鱼固然牟利更多，但并不是家家户户都置得起渔船的。陈子英在《福建省渔业调查报告》一文中，对1932—1933年的厦门渔行进行过调查，结果是：厦门是福建省数一数二的渔区，渔行林立，共有35家，其中两家在集美。

集美渔行老板剥削渔民的方式花样百出：第一种，除三条大绳为舵师或渔民自有外，其他渔具全是渔行所有，渔民实际上成为渔行的长工；第二种，借款造船，船要以渔行的店号命名，受渔行支配；第三种是向老板租船，甚至可以向老板借生活费，但捕捞到的鱼要交给渔行贩卖，价格由渔行决定。

既然冒险出海也维持不了生活，还不如讨小海，至少成本低，不受老板剥削，还落得个自在。

图 3-2　讨小海场景

集美漫长而曲折的海岸线，平添了众多的天然海湾和滩涂，滩涂上生活着各种小海鲜，如跳跳鱼、海螺、海贝等等，给集美的先民耕海牧渔创造了良好的条件。集美先人向大海要生计，以捕捞和种植为业。其中最有生活气息的莫过于讨小海。

“讨小海”这个词来源于“种田讨海”的生产模式。当海水退潮，捕捞滞留在滩涂的杂鱼青蟹，拾螺采贝，集美人去捕捉这些小海鲜，他们也有一个别样的名称：讨海人。

世界上最宽广的是大海，比大海更宽广的只有天空和人的胸怀。从小海风吹、海浪打的集美人，其实是海的一部分。讨海，是集美人再自然不过的生计。

集美人天性豪迈，穿一条泳裤，拖一双木屐，坦然走过街巷，扑向大海就游。集美人热情好客，榕树下、小桥旁，他们扎堆泡上壶工夫茶，路人只要高兴，都可以坐下呷一盅。如果谈得来、说得爽，当场就勾肩搭背，拉到家里喝酒猜拳。

集美人经历了沧桑，所以豪爽；在风浪中历练，因此深沉。与讨小海的集美人交往，可以放下心机，拿出对待大海的态度就行了：集美人跟大海一样，包容、宽广。但是，集美人一旦发怒，也会像大海那样狂风暴雨。

所以有一种说法：闷骚的集美人好说话，但是不要惹怒了闷骚的集美人。

集美周边海域辽阔，蛤仔出产甚多。多到吃不完卖不掉，只好取肉晒干，或者喂鸡喂鸭。集美海多地少，集美人渐渐将自己的生活来源转移到了滩涂上，讨小海也就慢慢发展起来。

讨小海的一个"讨"字，流露出集美人面向大海的虔诚和敬畏，也道出集美人向大海要生计的艰辛。

明代何乔远编的《闽书》里说，集美"沿海之民，鱼虾蠃蛤，多于羹稻"。

最早提到集美海产动物的，是明朝万历年间成书的《闽中海错疏》，是屠本畯的代表作。屠本畯出身书香门第，靠父荫任太常寺典薄、礼部郎中、两淮运司同知，后移福建任盐运司同知。屠本畯鄙视名利，廉洁自持，好读书，到老仍然勤学不辍，曾说："吾于书饥以当食，渴以当饮，欠身以当枕席，愁及以当鼓吹。"《闽中海错疏》分为3卷，上、中两卷为鳞部，下卷为介部，又有自序和附录各一篇，共记载福建沿海海产动物200多种，亦记载少数淡水种类。

清朝光绪年间，郭柏苍编写《海错百一录》。这是一本介绍海鲜的专著，"海错"一词原指众多的海产品，当然包括集美。全书共五卷，分别记渔、鱼、介、壳石、虫、盐、海菜、海鸟、海兽、海草。郭柏苍是侯官人，道光庚子举人，八闽有名的博物学家、笔记散文家和诗人，还著有记载福建土特产、动植物和矿产的《闽产录异》。对他的著作，郑振铎在《谈访书》一文中有很高的评价："研究海产和南方的动植物者必当一读，有许多记载是第一见之于这两部书里的。"

图 3-3　勤劳的集美人自古就向大海讨生活

清代郝懿行创作的海产专书《记海错》，也有与集美相关的内容。郝懿行在海滨长大，见识过无数海产，他从中选出49种，著成《记海错》。此书征引许多古籍，从训诂的角度来看，更是一本难得的奇书。

清代的《厦门志》记载，早在300多年前，厦门沿海就出现“蚝提、鱼簖、蚶田、蛏淑、濒海”之乡划海为界的耕海盛况，杏林湾和马銮湾由于水肥潮缓，形成了一线浅岸，讨小海最具代表性的就是集美大社。

闽南童谣《翁某船》就应景活化出“讨小海”的画面：

讨海人，
徛海港，
船顶做厅船肚房。
船尾做灶脚，
船头好抛网。

翁某船，
挂布篷，
讨海掠鱼走西东。
翁啉酒，
某轻松，
囝仔缚在船杆蛲蛲动。

改革开放后，蔡英亚等编的《贝类学概论》，上海水产学院等编写的《福建海洋经济鱼类》，张震东、杨金森编著的《中国海洋渔业简史》，朱元鼎主编的《福建鱼类志》，刘惠生主编的《福建渔业史》，同安水产志编写组的《同安水产志》，杨瑞堂著的《福建海洋渔业简史》，林鹏著的《中国红树林生态系》，杨鸿佳等著的《金门沿海鱼介贝类图说合辑》，苏永全等著的《台湾海峡常见鱼类图谱》，黄宗国主编的《中国海洋生物图集》，陈明茹、杨圣云编著的《台湾海峡及其邻近海域鱼类图鉴》，福建省水产学院、福建省水产技术推广总站编的《福建常见水产生物原色图册》，张辰亮著的《海错图笔记》等鱼类水产专著陆续出版发行，集美的海鲜渔业甚至讨小海，都有分量不同的表现。

蚵是牡蛎的一种，又叫蚝或者海蛎。中国近海，从南到北都有牡蛎，虽属家常海鲜，却是极品美味。

苏颂，这位出生在同安城关芦山堂的北宋中期宰相，小时候一定吃过不少集美的海蛎，他说：“今海旁皆有之，而通、泰及南海、闽中尤多……其味美好，更有益也。海族为最贵。”

苏颂不但把老家集美的海蛎捧到极高，还把海蛎与熊掌并论，开了一个高级玩笑：“无令朝中士大夫知，恐谋南徒，以分此味。”这句话的意思是：千万不要让中央的那帮同事知道海蛎好吃，不然他们整天惦记，全涌到我老家集美去吃。

集美“田少海多，民以海为田”，数百年前就开始养殖海蛎。集美采取蚵簇养殖法：用长三尺左右、宽半尺上下、两三寸厚的花岗岩条石，一条一条挨靠成三角锥形。蚵胞附在蚵石上生长，

图 3-4　讨小海乐趣

一颗接一颗挤成一堆，像随意搭盖的草屋，所以从前的集美人称它为“蛎房”。

从海沧沿岸到马銮湾、杏林湾，再到后溪，过集美绵延到同安湾的海岸线上，只要能养殖海蛎的滩涂，都会有一列列的蚵簇整齐排列，亘延数里、甚至十数里，像列队的海防兵，浩荡壮观。潮起时，淹没水底；潮落时，显现出来。

从秋末到第二年仲春，是收获海蛎的季节，集美讨海人驾起米仔船，顺潮驶进蚵浦，勾起一条条蚵石，拉上船，竖放在竹皮箩里，用铲把蚵胞铲进竹皮箩。在这个丰收的季节，集美各个角落都有堆积如山的海蛎。剖海蛎的女人围坐着，不论辈分、不分长幼，每人面前一个碗、一把海蛎刀，从日出忙到日落。

海蛎买回家，冲一冲再泡水，水里加少许盐，让海蛎肉收缩一点，蒂上的壳屑就会脱落许多。有经验的集美人连洗海蛎的水都不浪费，放澄清了加入汤里，或者用来拌地瓜粉。

海蛎豆腐汤也是寻常百姓家的名菜，海蛎香糯，豆腐滑嫩，二者交融成立体的滋味，再撒上姜丝，就更加细腻动人了。

在集美的许多“角头”，都有面线的专卖店。沿街设桌、矮凳低坐，吸溜吸溜的陶醉声已是集美的一道风景。店家用葱爆过锅后，再将海蛎下锅，倒水一沸，放入面线，再沸一次，下几根韭菜，起锅。就是大名鼎鼎的集美海蛎面线了，葱头香逼人、海蛎香沉稳，不由你不流口水。不等店家端上来，客人已经举起筷子了。

集美以海蛎为主材的美食至少十几种，最有特色也最家常的，应该就是海蛎煎。海蛎煎的做法还算简单，却需要技巧：用地瓜粉调和，加入辣香大蒜，佐以微量辣酱，让它们与海蛎的味道混搭，把鸡蛋打匀，泼到煎面上，翻几下再起锅。技巧在于，要成块，一旦碎了就成了炒海蛎，不但难看，味道也变了样。烙饼式整块煎出来的海蛎，在盘子里玄黄白绿，色香味俱全，每一口都有不同的味觉享受：腴美嫩鲜，香艳秾烈，肉而不腻。

说到集美海蛎煎，就不得不提到我们敬爱的乡贤陈嘉庚先生，这位立德、立功、立言的“最集美”的伟大乡贤，在饮食口味上也“最集美”，他生前最喜欢的饮食就是海蛎煎和炒米粉，炒花生配地瓜稀饭，这是许多文史资料有记载的。

先生一生爱国爱乡，炽烈的乡土情结中，包含科学的饮食道理：以最喜欢、最原初、最便宜的乡土天然食品养生，可谓是道法自然、浑然天成。先生爱集美爱得很彻底，集美盛产地瓜，地瓜稀饭之外，爱集美的海蛎煎，可以说是山海交合。

在世界卫生组织向全世界推荐的最佳食品中，地瓜排名第一；海蛎虽然平常，却被苏颂说成“其味美好，更有益也，海族为最贵”。因此，陈嘉庚先生尽管一生艰苦奋斗，仍有八十七年高寿，肯定有海蛎的功劳。

说到陈嘉庚先生，自然联想到龙舟池。在龙舟池外的红树林中捉螃蟹，往往你还没发现它，它的钳子就先夹住你的手指，第一次体验讨小海的人常常要吃苦头。于是有人发明了“蟹抠”，即一根一端折弯的细棍，可省去弯腰、被咬的麻烦。

每逢退潮，在集美的滩涂上便随处可见讨小海的人，他们头戴斗笠，肩背鱼篓，手提蟹抠。当然，蟹抠的长短粗细因人而异，材质有铁丝，也有木棍和竹片。

同样在退潮后，经验丰富的集美讨海人会在泥沙滩上辨别单孔圆洞，虾蛄是掘穴高手，洞是U字形的，周周正正，一个洞口有泥皮虚掩，小触角和眼睛从另一个洞口探出来，观察四周动静。讨海人一旦发现洞口有新的细爪印，就知道这是虾蛄的洞。如果有一汪清水微微波动，那是虾蛄在呼吸。

只要围绕洞口一下一下踩踏，孔道被踩中，虾蛄就会喷出洞口，翻腾着打滚，射出一道尿液。因此，集美人把虾蛄叫“濑尿虾”。虾蛄浑身是刺，讨海人必须用手指紧掐它的腰，要不然等它弓身甩尾，就手破血流了。

拾海螺、捡海贝壳就简单多了，只需要睁大眼睛，在滩涂中细心寻觅。不过，要在滩涂上细心工作几个小时，也不是一件容易的事。

著名作家傅子玖在《陈嘉庚》一书中，对讨小海有生动的描述：

> 芦花放白时节，渔村午后，阳光淡淡的，浔江静静流淌着，绵绵流进东海。
>
> 退潮的海滩，到处撒满虎纹贝、玉黍螺、簸箕蛤、鹦鹉蚌……
>
> 三个十二三岁的少年，各自背着“凸”字状的竹卡篓，

图 3-5　集美社员集体剥海蛎

拎着手网，钻出芦苇和花树杂长的江岸，飞也似的向沙滩奔跑。

“吱，吱，吱，吱……”

“嘎咯，嘎咯，嘎咯，嘎咯……”

不远处，一片峭拔嶙峋的礁岩，一群群鸥鸟和白鹭盘桓着，轮番俯冲下来，它们的啄食搁在低洼水礁丛间的小鱼小虾。它们用长嘴巴准确有力地叼起海鲜，仿佛掠过一阵阵陀螺风，在海面上盘旋；有些鸟儿已经饱餐了，在峋嶙参差的礁岩上歇息，得意地晾开银白的、灰蒙的翅膀，互相追逐游戏，发出异常响亮的欢叫声。每逢潮落，便是海鸟最畅快的时分。

“快！……”三个孩子互相迭声催促。海滩多么光洁而柔软；星星点点、丛丛簇簇的螺呀，蛤呀，贝呀，蚌呀，尽管它们都亮出珊瑚或琥珀的姿色，但此时对孩子们却失去诱惑力。这些僵卧沙滩的小东西，它们跑不了，海鸟对它们也不感兴趣，回头慢慢儿收拾不迟。这已经成为习惯了。

冬至后的农闲季节，集美讨海人扛起短柄锄，挂个竹篓，挖土笋去喽。土笋的头像一段细长的水管，身体膨大，尾部缩小，好比刚开花的小黄瓜。集美人把“沙虫”叫土笋，是因为沙虫和笋都是从泥里长出来，都在春天最肥美。从立春到清明的这段时间，海滩许多贝类陆续吐浆，正好被土笋吸食，因此变得一身肥美。

做土笋冻首先要把内脏中的沙泥和表皮挤掉，一般用石辗，也有用脚踩的。讲究的人家会把土笋的肠肚逐个翻出来，洗得只剩下腔体。然后下锅，熬到胶质出来，再舀进缸盆冷却凝固。如果熬的时候加一点石花菜，冷凝就会更快。

在电冰箱尚未出现的集美，土笋冻只能在天气转热之前制作。等夏天来临，即使晚上搁到露天的地方，第二天也可能只是土笋汤。

土笋冻从前纯粹是小孩的零嘴，后来才招待客人，当然也出售。早些时候的集美，角头摆一个簸箕，上面累一摞细碟，再放装小竹叉的盘子，旁边有一个稍大的鸡公碗，那是装钱用的。买客自己拿碟取叉，叉起笋冻放碟里，佐料根据自己的喜好加，吃完了把钱撂进鸡公碗。摊主爱理不理的，他忙着跟别人聊天哩。

如今，土笋冻成为“最集美”的特色菜，从事土笋冻加工的作坊也有几十家，杏林的“亚德土笋冻”可能是规模比较大的。

对于海边长大的集美人，讨小海是一件平常的事。闽南俗话说“初一十五中午渡”，意思是每逢农历的初一、十五，白天的海水高潮在中午12点。潮水每天两次进退，如果是中午12点满潮，那么最低潮的时间就是下午 6 点，讨小海的最佳时机是退潮时间，从涨潮时间推后 4 小时去最好。

讨小海的工具简单，种类却不少：篮、箩、筐、河口、铁铲、蛎刀、钉钯、竹筒、蟒笼、鳗刀、念刀、手罾、缉网、三角锄、青苔钯、涂线钩、弹涂钓、小木桶、溜板等等，工具的使用因地制宜，依季节、地点和捕捞品种变换而确定。

讨海人在潮水退到大部分滩涂都裸露时出发，腰悬篾口、头戴斗笠、挽裤赤脚，朝着目的地进发。

集美海边成长的孩子，时节不同、潮水有异，玩海自有不同的节目。满潮时游泳划船，退潮时讨小海。土生土长的集美孩子，都能玩各种讨海花样：手钓、竿钓，撒手抛网，放绫子等等。其实，难度最大的是潜水拔彩鸾。

彩鸾是贻贝的一种，就是俗话说的“淡菜”，贴船底生长，还能随船旅行，起到播种的作用。当年还没有海堤，集美与高崎的对渡靠浮动的码头，在趸船的船帮和船底，吸附着许多彩鸾。有勇气的孩子就紧贴船壁下潜，潜到趸船底下拔彩鸾，小半天就能拔一大木桶。

讨小海的目的是吃海，不吃，讨来何用？集美四季如春，讨小海不分季节，退潮进行，涨潮收货，自己吃或者拿到市场出售，为“舌尖上的集美”提供正宗的货源。

如何享受讨小海的成果？傅子玖在《陈嘉庚》中是这样说的：

一堆篝火烧得正旺。

那只大海螺放在火堆上烤得滋滋响，沸腾的螺汁冒出阵阵清香的气味，诱人嘴馋。

芦苇丛间这片绿茵茵的草地，是孩子们野餐的好场所。他们常在这儿烤吃鱼、虾、螃蟹、番薯、鸪丁蛋、花生，更常烤吃海蛎，从深秋到仲春，这里盛产海蛎，海边礁岩、蚵石，密匝匝地长满着这种石灰壳的海鲜，一把类似篆刻刀那样的小铁器把它从附生石上剔下来，剖开错综粗糙的石灰壳，里头有灰黛色块状带汁的蚵肉，清蒸、油炸、煮羹、干烤都异常鲜美可口。西方人称它为牡蛎，他们喜欢生吃，只蘸些佐料便吃得津津有味。莫泊桑作《我的叔叔于勒》，那于勒卖的正是变种鲜物。

吃烤海螺今儿还是第一次，正如有一回吃烤鳖蛋那种稀罕物，他们都非常欢快而兴奋，这两种吉祥物得来不易嘛。

三个大肚子、细眼儿、三角口的手网，和竹卡篓散放在草地一角。网里突突的装着带壳的海蛎。竹卡篓可是随便开不得，你把那稻草编的漏斗状的盖子打开，说不定就有一两只小螃蟹横爬出来，这还不要紧，一手按住就擒了它；那水花花、亮闪闪的鱼堆里会突然蹦出几只虾来，那就够你追捕的啦。

这是孩子们野炊的吃法。在集美，不管是家常便饭还是讲究酒店，无论是路旁食肆还是海边排档，少不了的就是海鲜。白灼章鱼，炒海瓜子，香煎带鱼，土笋冻，海蛎煎，土龙汤，数不胜数。

集美海鲜的烹饪方法简单，但不等于肤浅，季节要区分、原料要挑选、火候要掌握。集美吃海，是物质与精神的双丰收，评品美味的同时，收获海一样无边的知识。集美海鲜吃多了，你就想在集美讨海，讨海久了，就变成集美吃货。吃海、讨海，沉浸在海，快乐在海，不管你从哪里来，最终都会被集美同化，成为蔚蓝海洋的一分子。这，就是新集美人越来越多的奥秘之一。

易中天曾说，最好吃的还是厦门海鲜，因为做法简单，白煮、清蒸、干煎、炣荫豉、煮酱油水，是全世界最没有技术含量的烹饪方法，一眼就看出来是不是真材实料。不像川菜、湘菜，重口味，麻辣一下，根本吃不出食材好不好。

集美出产的一种紫蛤，好吃到一种程度，竟然叫“西施舌”。清初的《闽小记》载：“画家有神品、能品、逸品；闽中海错，西施舌当列为神品。”然而，《闽小记》没有说西施舌是哪类海味，给著名作家郁达夫带来了困惑。

郁达夫是来过厦门的，品尝了集美出产的紫蛤，动情地写道：“色白而腴，味脆且鲜，以鸡汤煮得适宜，实在是色香味俱佳的神品。”

如今的集美，讨小海已经是一项旅游项目。退潮时，年轻的游客把捉螃蟹、捡花螺当作游玩的乐趣。他们也抓跳跳鱼，拿根竹竿，绑条带鱼钩的绳子，等跳跳鱼爬出泥洞，甩竿过去就可以钩住跳跳鱼。忙活半天，也能为民宿的餐桌添一道菜。

马銮湾有一处望海平台，只要不刮风、不下雨，就有不少人在这里钓鱼。这些人就是图个乐趣，并不是靠钓鱼赚钱。垂钓者中老年居多，闲着没事干，就来这里钓鱼消磨时间。

坐公共汽车到集美后田站，往海边走一段，穿过几级台阶，就到了后田海滩了。

到了后田海滩，一定要把鞋子脱掉，让脚丫子亲吻细软的金色沙子。最好蘸一点海水尝一尝，你就知道，集美的海滋味跟别处不一样。

沙滩上有一艘废弃的小渔船，不懂是年久退役还是故意摆设，总之它增添了一种讨海的气氛。无论如何，它给年轻的游人提供了拍照的背景，也算是它发挥余热吧。

站在系船用的平台上，可以感受到强劲有力的海风，乱了头发，卷起衣摆，仿佛是大海的呼吸。如果天气晴朗，能远眺对岸

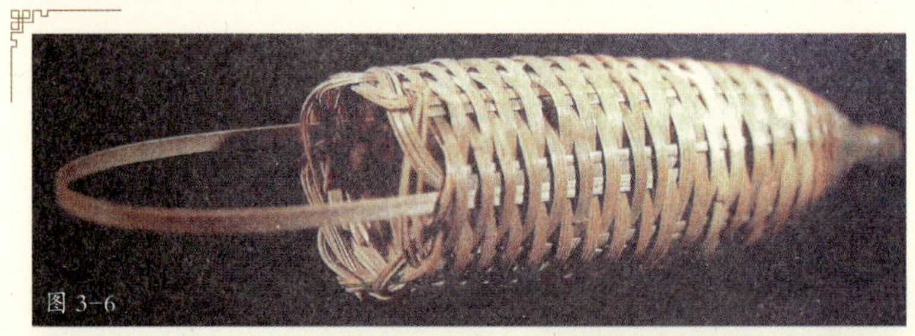
图 3-6

图 3-7

图 3-6　竹编筷笼
图 3-7　竹编渔篓

的五缘湾，甚至同安，甚至翔安。猛然发现，这是最佳的观海台，半个厦门尽收眼底。

不远处是集美大桥，沙滩朝那里徐徐收缩，直到成一线消失。如果你运气好，遇到潮水退了，大片的石头露出来。下去石头堆里寻觅，总能找到一些可爱的小海产。

每逢大潮日，潮水退得比较远的时候，滩涂没有被淹没，就有一些本地人带着专业工具挖花蛤、捡海螺，下午四五点人数最多。挪开脚下的乱石，就会发现小螃蟹爬来钻去，手脚麻利一点的，总能逮住这些小东西。全家老少齐上阵的，一会儿就能抓一小桶螃蟹。

看，礁石上那个戴鸭舌帽的大学生正在悠闲地垂钓，旁边有一对女生在拾花蛤。走近一瞧，他的小桶里有一条咕鱼，还有一条集美人称为“狮公”的石九公鱼。远处有一条搁浅的鱼，鳞片

图 3-8 儿童就地取材享受海鲜野餐乐趣

在阳光下闪着银光，女生走过去，见是条巴掌大的午鱼，拧住鱼尾放进桶里；另一个女生则捡了大半桶的花蛤。滩涂上的花蛤虽比市场上的个头小，但看上去更干净、更清爽。

作家黄河浪在散文诗《集美沙滩》上写道：

我喜欢看那顽皮淘气的浪花轻轻碰撞船舷；我喜欢谛听昼夜不止的海的呼啸声；但是，让我如痴如醉的却是那退了潮的时候，集美沙滩上一枚枚的贝壳。你看，碧绿的、金黄的、银白的、紫红的……像星星在碧蓝明净的天幕上眨眼，又似萤虫在暮色苍茫的原野里闪烁。五彩灿烂，美极了。

我随手拾起一枚，那贝纹上，还留着风浪磨损的伤痕；那壳嘴里，仿佛还呼鸣着激越的旋律。

有人说，贝壳是大海扬弃的废物；有人说，贝壳是惧怕风浪的典型。为什么会有人这样说呢？我站在集美海滩的一隅，遥望着贝壳的母亲，波涛告诉我，不，这是误解啊，母亲最理解孩子的心。

厦门海堤始建于20世纪50年代，在海堤的集美这一头，也有一些滩涂，这些滩涂上就有许多小螃蟹。

来这里游玩的好处多多，既可以亲近自然，看厦门大桥下的小螃蟹横着走，观察它们挖的洞穴，还可以寻访厦门海堤的历史。

几十年前集美人民移山填海，建设了国内第一条跨海通道的海堤。可以说，来这里最能感受到集美的味道。

路过集美大桥时，细心的游客会发现，集美桥头两侧的地段，不时有好奇的游人俯身在滩涂上捡海产，体验讨小海的乐趣。从集美桥头往东安站的一大片滩涂，是最吸引游客的地方，因为这里有一小片红树林。红树林滋养了这里的生态圈，许多海洋生物在这里安家。其中，小螃蟹数量最多。沿岸的石台阶上，就长了不少海螺，小螃蟹藏在石头缝里，闪躲着人们的脚步。

一对母子带着桶和小铲子，顺着沙泥往前走。妈妈用小铲子朝沙滩上露着小孔的地方耙去，突然，沙土中窜出一只青蟹，儿子眼疾手快，从背后抓住它，不等它张开钳子，已经放进桶里。一会儿工夫，又跑出一只小青蟹，儿子这下没抓住。儿子追着青蟹跑，无意间发现前方出现一片花蛤，它们个个微张蛤壳，懒洋洋地躺在那里晒太阳。儿子看到这样的景象，激动得手舞足蹈，完全忘了追青蟹。

集美凤林湾海面则雾气缭绕，宛若传说中的东海仙境。升腾的雾气与涌动的海水缠绕着、交织着，阻隔了游人的视线。这时眺望厦门岛，如同水墨画的景观会让人有另一番滋味在心头。

如果是夏季，滩涂上的螃蟹、跳跳鱼、海蚯蚓随处可见，生机盎然，是家长带孩子捕捉鱼虾、拾捡螺贝的好去处。此时，惊叫声、欢呼声此起彼伏，大人也成了孩子，他们把凤林湾滩涂当成天然的游乐场。

孩子结伴挖洞抓螃蟹，蹦来跳去抓跳跳鱼，即便弄湿了衣服、搞脏了脸，家长也不会责怪，因为他们的身上也不干净。一群小男孩抓了许多东西，他们用塑料桶装了起来，打算把这些东西带回家，分了养。

如今，远古的水鸡再现集美湖的湿地，嬉戏栖息；集美大学校园的湖水清澈，灌木林上群鹭飞翔，绿白相间；海边的滩涂上，海鸟觅食寻伴，时飞时落，让人目不暇接。

集美杏林湾，讨小海的各种场景依然勾勒出生机勃勃的劳作场面，讨海人背着小竹篓，抓虾、摸蟹、拾螺、捡贝。

在这里，可以看到来自东北的女孩踏着海水找海螺，也可以看到来自西北的大汉挖小洞抠石头缝。来自青海的章先生带着一家老小来厦门游玩，人生中第一次接触大海，就是在杏林湾的沙滩。

为了捡几个小海螺给孩子长见识，章先生卷起裤管，一手拎鞋一手扒沙。海水渐渐涨上来了，为了在石头缝里抠螃蟹，章先生被划破了指头流了血。但章先生满脸笑意，他用餐巾纸擦去血迹说：“这里的滩涂比较远，但还是有一些小贝壳小螃蟹之类的小东西，特别高兴。”

女作家徐凤霞有一首打油诗描写讨小海，非常生动：

滩涂沙泥地，
花蛤螃蟹寻。
竹桶海鲜满，
踏月把家归！

集美区侨英街道海凤社区，就曾经是一片滩涂，是村民讨小海的地方。现在，那里高楼林立、商圈繁华，成为“桥头堡”。一个成立没几年的社区，凭借创新做法在集美、厦门，乃至全国，都有了“名号”。2015 年，泉水湾小区作为试点开展“互联网+垃圾分类”，几年间海凤社区以更新、更美、更洁净的面貌出现在厦门人面前。

如今的集美人，不再靠讨小海要生计。集美讨小海，从向大海要生计的艰难累活，渐渐过渡为独具特色的趣味旅游。新时代的集美讨小海，创造了赏心悦目的美景。

第四章　在传承中弘扬
——集美“非遗”

人类学家罗杰·M．基辛（Roger M. Kessing）认为："丰富的文化差异是一种极其重要的人类资源。一旦去除了文化之间的差异，出现了一个标准的世界文化，可能就会剥夺了人类一切智慧与理想的源泉。"这句话可以理解为：没有乡土文化，就没有人类文明；没有闽南文化，就没有完整的中华文明。

集美的悠久历史，从未断裂过、遗失过，而且不断变化、演进，形成贯通古今的人文。集美的闽南文化之所以历久弥新，主要原因是胸怀广阔，在与海外的交往中不断吸纳外来文明，择其优者化为己有。

由于自然条件不同而形成的习尚叫"风"，由于社会环境的不同而形成的习尚叫"俗"，所谓"百里不同风，十里不同俗"。因此，我们可以从集美风俗的习得与播衍中细细品味集美独特的人文气质，可以通过当代集美的辉煌寻觅过去的印痕，也可以沿着今天的足迹预见集美未来的轨迹。这个气质、印痕与轨迹，就是集美的非物质文化遗产。

冯骥才说过：“中国民间文化遗产的每一扇门都是历史关上的，都等待着我们去打开。”

集美人文孕育出来的民俗和艺术，结合并借助了闽南方言的特色，具有浓浓的闽南味。集美“非遗”的发展有自己的逻辑，我们只要认识和把握“非遗”形成与传承的规律，就可以“鉴古今，通天地”。

因此，集美的“非遗”格外丰富，除了土生土长的绝技，还有土洋结合、中外相融的绝活。这些“非遗”项目，无论是口头语言还是表演艺术、社会实践还是仪式节庆、传统习俗还是师承手艺，都在加深集美市民对地方文化的理解，培养青少年健康的审美情趣和努力追求真、善、美的人生境界，确立中小学生积极进取的人生态度，塑造健全的人格、培养团结合作精神，从而进一步树立全社会崇尚人文精神的准则，坚定求实、求真和创新的科学态度。

集美“非遗”具有活力美、厚重美，更有风情美、人情美。走进集美“非遗”，好比走进瑰丽的艺术殿堂，琳琅满目，美不胜收。作家朱谷忠是这样描述集美“非遗”的：

> 我惊讶但却由衷地从心里赞叹，这里既有蕴含中原古音甜美生动的地方语种，也有精彩纷呈的说唱艺术；既有妙趣横生的民间信仰，也有欢乐诙谐的健身体育；何需掂量，又岂能掂量，这里所包含的文化学、民俗学、艺术学甚而建筑学，可说是源远流长，深不见底，浩无际涯。

风俗的习得随风潜入夜，人文的滋养润物细无声，集美“非遗”传承的意义在于：认识集美文化发展的统一性和多样性，理解和尊重各地的文化传统，吸取先人创造的文明成果，进一步凝聚发展共识、全面提高人文素养。

“非遗”是国家的文化瑰宝，也是集美的元气，需要更多地展示在世人面前。

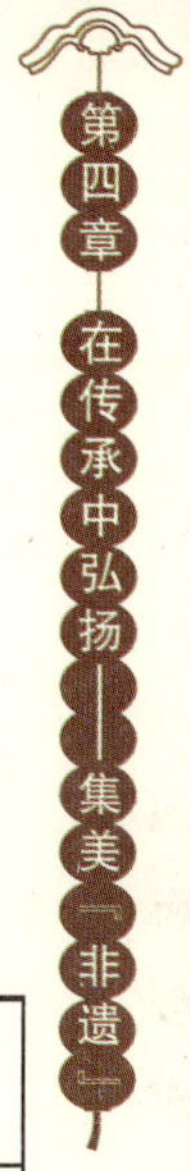

表 4-1 集美区"非遗"统计表

国家级			
序号	项目名称	展示形式	展示内容
1	闽南童谣	场景结合视听内容	1. 林得时《闽南童谣趣话》; 2. 闽南童谣的唱词一般讲述闽南乡村情境，故可以设计成乡村堂前屋后，榕树下的男童、女童对唱场景; 3. 众多歌谣可录原音，放置在一个集合载体里播放; 4. 童谣小故事可做展板介绍

续表

省级			
序号	项目名称	展示形式	展示内容
1	厦门歌仔说唱	戏台形式	1. 复原一座闽南风情的乡村戏堂，堂前榕树成荫，整个空间呈现为一座表演的舞台，作为未来二层的表演中心和人流集散中心； 2. 传承人、曲目、剧照、荣誉、服饰、乐器等可做展板、展柜陈列； 3. 传习基地
2	集美端午龙舟赛	VR 互动	1. 可考虑在四周层高较低的区域，以陈嘉庚的龙舟池为背景，营造一个龙舟赛的 VR 互动展项（参考极品飞车），既有竞技体验，也有文化感知； 2. 龙舟文创开发陈列
3	有应公信俗	幻影成像	1. 玻璃成像形式； 2. 故事来源、服饰装扮等做展板、展柜陈列

续表

市级			
序号	项目名称	展示形式	展示内容
1	嘉庚瓦制作工艺	知识了解及参与	1. 影片介绍、原理演示； 2. 流程体验，类似陶艺课堂； 3. 实物、工具可以陈列柜、展板形式介绍
2	闽南童玩	精品陈列及游戏体验空间	1. 林得时《闽南童玩童乐》70 多种童玩介绍
3	集美孙厝惠应大师信俗	信俗类统一形式	1. 玻璃成像形式； 2. 故事来源、服饰装扮等做展板、展柜陈列
4	灌口凤山大使公信俗	幻影成像、基础陈列	1. 玻璃成像形式； 2. 故事来源、服饰装扮等做展板、展柜陈列
5	后溪霞城阵头（属信俗类）	基础陈列	故事来源、服饰装扮等做展板、展柜陈列
6	集美霞城城隍庙庙会信俗	基础陈列	故事来源、服饰装扮等做展板、展柜陈列

续表

7	姜屿山铁炉宫关帝信俗	基础陈列	故事来源、服饰装扮等做展板、展柜陈列
8	高浦高氏祭祖信俗	基础陈列	故事来源、服饰装扮等做展板、展柜陈列
9	马銮杜氏祭祖信俗	基础陈列	故事来源、服饰装扮等做展板、展柜陈列
10	陈氏纸扎技艺	现场演示	传承人、工艺品可做展板、展柜介绍
11	宋江狮	基础陈列	故事来源、服饰装扮等做展板、展柜陈列

区 级

序号	项目名称	展示形式	展示内容
1	集美答嘴鼓	戏台及基础陈列	1. 与歌仔说唱共享戏台； 2. 传承人、曲目、剧照、荣誉、服饰、乐器等可做展板、展柜陈列
2	集美社元宵祭祖习俗	基础陈列	展板、展柜

续表

3	后溪城内五祖鹤阳拳	基础陈列	展板、展柜、视频
4	灌口周氏传统秘制卤味	基础陈列	展板
5	集美木偶戏	基础陈列、现场演示	1. 故事介绍、照片可做展板； 2. 道具、角色可用展柜； 3. 箱式表演空间
6	集美南音	戏台形式	1. 与歌仔说唱共享戏台； 2. 传承人、曲目、剧照、荣誉、服饰、乐器等可做展板、展柜陈列
7	闽南俗语	基础展示	展板、外接音频、知识竞猜
8	陈氏太极拳	基础展示	展板、展柜
9	洪氏面线制作技艺	基础展示	展板、展柜
10	川金山打铁技艺	基础展示	展板、展柜
11	闽南造像	基础展示	展板、展柜

集美，就是“非遗”百花齐放的大舞台，从曲艺到童谣，从村头神庙到广场剧院，从节庆社祭到平日闲时，26 项“非遗”样样精彩。

“非遗”是集美岁月的足迹和烙印，透过“非遗”，我们能看到集美历史影册中的传说与典故、面貌与遗韵。26 项“非遗”构成的这本大影册，时时在唤醒集美人内心深处的集体记忆，打开这扇记忆之门，乡音、乡情、乡事，都会从模糊到清晰，从冷峻到热烈。即使刚刚融入城区的新集美人，也会激发出对艺术与人生的情感，形成对集美的共同情结。

非物质文化遗产与物质文化遗产共同构成了文化遗产，文化遗产与自然遗产共同构成了人类遗产。“非遗”既然是非物质，也就是精神性的，它表现为几个层次：最表层的是工艺，深入一层的是工艺后面隐藏的智慧，再深一层是精神信仰。

在“非遗”项目当中，技艺类当属最主要部分。无论是哪种性质的"非遗"，一个共同特征是传承，只有代代相传，"非遗"项目才能从远古播衍到今天，再传至将来。

值得欣慰的是，集美区各级、各部门和各界有识之士认识到，加强对"非遗"的保护和管理，对传承、弘扬和培育集美的"一精神三文化"具有十分重要的意义和作用。他们切实地把保护和管理"非遗"作为一项重要的工作常抓不懈，从而确保"非遗"的传承健康有序地展开。

他们有一个共同的心愿：保护好、传承好集美的非物质文化遗产，让它像大海浩瀚的烟波，在阳光下散发浓郁的集美气息，让亲近它的每个集美人都浸润其中，感受无穷的艺术魅力。

于是，集美举办"闽南传统文化进校园"系列活动，邀请陈清平、黄亚水、张月萍等曲艺家与师生互动，以生动的表演向孩子们展示答嘴鼓、木偶戏、歌仔戏的魅力；在区内 8 所中小学设

图 4-1　闽南童谣节目表演

立“闽南戏曲示范点”，弘扬集美“非遗”，做到后继有人。

一、闽南童谣

闽南童谣，就是闽南民间创作，给儿童诵读、说唱的歌谣。运用生动形象的闽南方言词语和丰富多彩的闽南语音，构成独特的韵律美与节奏美，符合儿童的审美趣味和理解能力，深受儿童的喜爱。

闽南童谣属于闽南民间口传文学，是闽南人创作智慧的结晶，具有集体性（集体创作）与变异性（流传过程中增删补充）的特点，广泛流传于闽南、台湾地区和东南亚华侨华裔居住地，是闽南歌谣的重要组成部分。闽南童谣内容丰富，充满童趣，在潜移默化

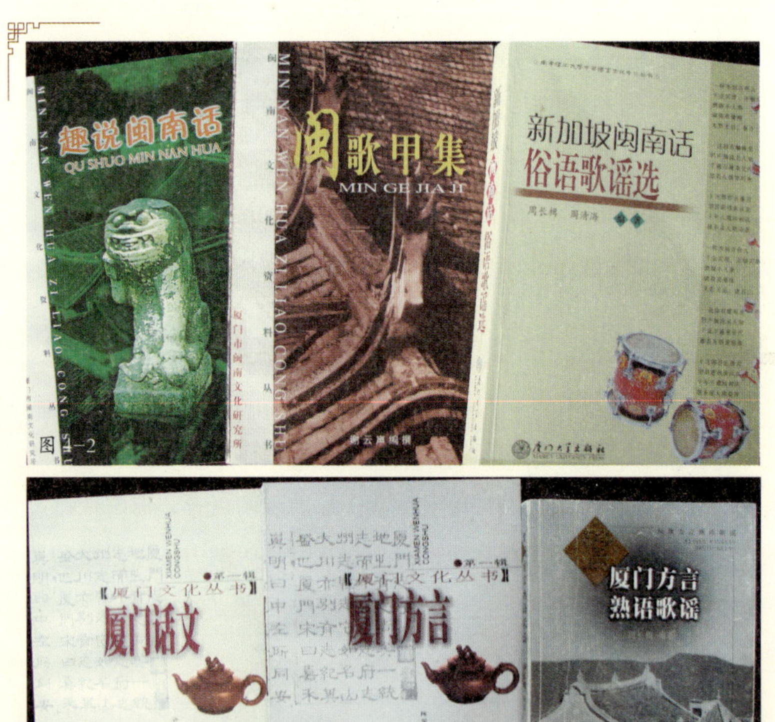

图 4-2
图 4-3

图 4-2　闽南童谣学习书籍
图 4-3　闽南童谣学习书籍

中增长儿童知识、塑造审美人格，因此入选第二批国家级非物质文化遗产名录。

代表曲目有：《天乌乌》《拜月娘》《安舅来》《请外婆》《天上一块铜》《指纹歌》《一螺一直坐》《月光光》《数字歌》《新年歌》《点仔点》《天顶一片五彩云》《十二生肖相歌》《戽虾》《坐牛车》《好子儿》《放鸡鸭》《当当当补雨伞》《围火盆》《乌头仔车》《新年歌》《摇团歌》《西北雨》《大箍呆》《坐牛车》等。

据福建地方典籍记载，唐代福建观察使常衮看到闽南有人传授《月光光》的童谣，就记了下来：

月光光，
渡池塘。
骑竹马，
过洪塘。
洪塘水深不得渡，

图 4-4　闽南童谣传承人周长楫与孩子们一起念童谣

小妹掾船来前路。
问郎长，
问郎短，
问郎一去何时返。

今天在集美传唱的童谣《月光光》，跟唐代这首《月光光》比较，虽然文字做了改动，但主题和结构十分相似。由此可见，集美闽南童谣的历史源远流长。

明朝中叶以后，随着大批闽南人过台湾、下南洋，闽南童谣也随之传播，在台湾、南洋生根发芽，结出新童谣的果实。其中的部分作品又传回闽南，交融共进，相互启发，使闽南童谣更加生动迷人，从而成为两岸儿童彼此交流、相互认同的文化纽带。

闽南童谣是一座饱含历史、自然和人文信息的博物馆，好比保留着种种小昆虫的琥珀，凝固着时代记忆。

集美的天地大美、山海湖田，映衬在世世代代集美人的心中，歌颂自然风光的闽南童谣自然成为集美人争相传唱的首选。如《月娘月光光》：

月娘月光光，
起厝田中央。
爱食三色糖，
爱围水眠床。

这首童谣像一幅田园水墨画，唱出了月光映照在宽阔田野时的集美风光。

除了自然风光，集美方言中的各色动植物也是闽南童谣的表现内容。比如昆虫，童谣中有“龙眼鸡”（龙眼树上的一种昆虫），美而艳丽，被称为“会飞的花”；蝉叫“盐必船”，蝴蝶叫“尾蝶仔”，蚂蚱叫“草蜢”，臭虫叫“木虱”，苍蝇叫“胡蝇”。

例如童谣《火金姑》：

火金姑，
来食茶，
茶烧烧，
配芎蕉，
芎蕉冷冷，
配龙眼，
龙眼蛀核，
来食那仔拔，
那仔拔全全子，
力死田仔痞。

《火金姑》用拟人的手法，展现集美水果和食品特色，顺畅而自然，美不胜收。

闽南童谣中，对集美人的生活细节也进行了细致的描述。如

《十艺九不成》，讲到的工艺活的就有“驶（开）船，台（杀）狗，磨镜，铺砖，担档，弄猴，种李，做衫，台（杀）猪，叫鬼，钉秤，激酒，种瓜”，其中不少手艺现已失传。

闽南童谣还记录了集美人过年过节的传统习俗，比如《新年歌》：

初一早，
初二巧，
初三困到饱，
初四顿顿他，
初五隔开，
初六挹肥，
初七七元，
初八原金，
初九天公生，
初十有食食，

十一请田婿，

十二查某田转来拜，

十三食泔糜仔配芥菜，

十四结登棚，

十五上元暝，

十六拆灯棚。

翔实而又风趣地表达了从年初一到元宵每天的不同活动。

从表现手法看，有些闽南童谣伴随游戏趁韵而作，让儿童边唱边玩，更加快乐；有些故意使用拗口语句，用来训练儿童的说话能力；有些是母亲随口哼唱，表达母爱的温暖；有的闽南童谣甚至表现闽南人过台湾、下南洋的历程，记载两岸闽南人和海外华侨的艰辛与奋斗。

历史题材也是闽南童谣重要的内容，时政性特别强。抗战时期，集美兴起了一首闽南童谣，叫《拍日本》：

滚！滚！滚！
大家起来拍日本，
有的做前锋，
有的做后盾，
大家合齐拍日本。
刀揭好，
铳比准，
将迄日本兵，
拍到变土粉。

这首童谣是抵抗日寇有力的战斗武器，激励集美民众奋起，积极投奔抗日战场。

二、厦门歌仔说唱

歌仔说唱源自宋元时期，语言生动诙谐、平仄押韵，唱腔优美，地方色彩浓厚，流传于厦门、漳州、泉州及台湾等地，是一种的古老的民间说唱艺术。乐队采用歌仔戏乐器，以大广弦为主弦，加月琴、南北三弦和竹笛。

歌仔说唱以生动形象的闽南话为歌词，以通俗易懂的民歌民谣为曲调，以传统戏曲、南曲、南词为养料，经过历代艺人的不断传唱和创造，逐渐完善和丰富，成为福建四大曲种之一。

图 4-5

图 4-6

图 4-5　歌仔说唱传承人林赐福
图 4-6　歌仔戏表演

从内容上，可分为两大类：一类是以抒情为主的民歌、小调、杂歌；一类是有人物情节的故事歌。故事歌又分为三种：一、民间流传的长篇故事，如《陈三歌》《乌白蛇》等；二、中小型的段子，如《过番歌》《海底反》等；三、劝善歌，如《二十四孝》《鸦片歌》等。这几种歌仔说唱都有书坊刊刻的唱本，俗称“歌仔册”。

中华人民共和国成立后，集美曲艺界对歌仔说唱大胆创新，不仅创作新作品，还创造了荷叶说唱等新形式。“荷叶”是名为“镲”的道具，说唱时，一手拿甩板和状似荷叶的苏镲，一手拿竹箸，配合戏曲的节奏，边唱边打苏镲边甩甩板。

集美人林赐福就是歌仔说唱省级非物质文化遗产代表性传承人，集美前场村也被厦门市列为“歌仔说唱传习中心”“民间曲艺示范点”。

为进一步激活闽南民间文艺发展活力，近年来，集美区持续深入实施地方戏曲振兴工程，在办好集美区闽南曲艺创作基地的

图 4-7　歌仔说唱传承人张月萍

同时，办好中小学“闽南戏曲示范点”，加大对延平闽南戏曲艺术团等民间文艺团体的扶持力度，把开展闽南戏曲调演制度化，充分发挥歌仔说唱在传习中心的作用。

厦门实验小学集美分校注重“非遗”的传承，致力于打造“现代闽南学园”，武术、答嘴鼓、闽南童谣、闽南美食、木偶戏、歌仔戏等传统文化形式都在开学式的舞台上进行呈现。尤其是歌仔说唱，每个学期的开学式上，同学们都会领略到不同的歌仔说唱。

省级“非遗”传承人、集美区延平闽南戏曲艺术团团长张月萍认为：“歌仔说唱以前叫锦歌，弹的乐器叫月琴，是贴近生活、贴近草根的戏种。”舞台上，张月萍边讲边唱，婉约幽雅的弹唱赢得了同学们热烈的掌声。

图 4-8

图 4-9

图 4-8　龙舟赛期间各种民俗表演丰富多彩
图 4-9　观众观看精彩的龙舟赛与品尝地道的小吃是龙舟赛的一大特色

三、集美端午龙舟赛

集美端午龙舟赛顾名思义发源于厦门集美，流传于泉州、漳州、台湾地区，远播东南亚多国。

集美端午龙舟赛历史悠久，清代道光年间出版的《厦门志》中就有集美端午龙舟竞渡的记载，距今已有近200年的历史。

集美地处东南沿海，山海湖田俱备，居民靠海为生，习得海上运动。每逢端午节，有家家户户“悬艾插蒲挂榕枝”的风俗，还有在海滨划舟比赛的习惯，因有18支楫水的龙舟队，威震闽

图 4-10　首届“嘉庚杯”国际龙舟邀请赛精彩瞬间

图 4-11　“集美端午龙舟赛”已成为国家体育总局的常年赛事

南沿海而名为“十八舲舢”赛。龙舟赛时，要在海滨沙滩搭台演戏三日，呼朋唤友，热闹非凡，历久不衰。

集美端午龙舟赛是水上运动，每条舟运动员人数视龙舟大小而定，通常有 24 或 36 人，每舟舵手、鼓手、锣手各一人，锣手于船首指挥，鼓手船中擂鼓，节奏明快平稳，确保龙舟保持协调齐进。掌舵使船平稳，随时调整前进航速，防止舟体倾斜偏向。锣手在船首点锣呐喊，使全体赛手起桨落桨平稳整齐，还要负责到终点夺标。

1951 年，陈嘉庚先生积极倡导全民健身，改变传统两船相斗旧俗，首开女性参与 10 船同赛的龙舟体育竞技赛的先河。组织村民和师生训练划船技术，把集美龙舟赛引入龙舟池举行。陈嘉庚先生在世时，先后举办了 11 次龙舟赛，他亲自主持了 7 次。在陈嘉庚先生的积极组织和强力推动下，集美端午龙舟赛得到巨大发展。

1987年，首届“嘉庚杯”国际龙舟邀请赛在集美举行，有国内代表队和澳大利亚、日本等地龙舟队参赛。之后每年的端午节前后，为了缅怀校主，特别设立流动的“嘉庚杯”龙舟竞赛，组织学村居民和各校师生参赛。

2004年前后，集美区政府投入800万元，修建南堤公园，疏浚龙舟池，为继续办好集美龙舟赛奠定了基础。

2006年，集美海峡两岸龙舟赛由国家体育总局社会体育指导中心、中国龙舟协会等机构主办。

2008年，集美端午龙舟赛开始升格为国家级体育赛事，参赛运动员来自中国、美国、德国、荷兰、澳大利亚、新西兰、南非等国家和东亚、南亚等地区，使集美龙舟赛成为区域性、国际性的重要品牌赛事。

2011年，集美龙舟赛正式升格为国家级赛事。

2012年，集美龙舟赛纳入国家体育总局赛历和中国龙舟协会的年度赛事计划，赛事由国家体育总局社会体育指导中心、中国龙舟协会、政协厦门市委员会、福建省体育局主办，厦门市体育局、集美区人民政府、集美校委会、厦门广电集团承办。

2014年海峡两岸集美龙舟文化节暨嘉庚杯、敬贤杯海峡两岸龙舟赛在厦门集美龙舟池开桨。来自海峡两岸和港澳的66支队伍在集美龙舟池击水竞渡，盛况空前，以庆祝端午佳节。

集美端午龙舟赛从古代的民间自发组织，发展到当代以政府为主导，社会、群众积极参与，推进了海峡两岸文化交流，在海内外产生巨大的影响。其进一步加深了两岸人民的沟通与联系，是对台文化交流的一项重要活动。

图 4-12　第二届马銮有应公文化节开幕式

四、有应公信俗

集美马銮有应公庵（俗称屿仔尾宫），始建于明正统十四年（1449 年），是为了纪念明代当地抗倭英雄周彝训父子而建。

据《同安县志》记载，郊区积善里地处沿海，明代常受倭患，当时朝廷腐败无能，但地方官兵及受难之民众皆能同仇敌忾誓保家乡。正统十四年（1449 年），倭寇骚扰积善里窑山乡，里人周彝训组织乡民众奋起抵抗，战斗中马陷屿仔尾海滩，其子冲入敌阵营救，父子同时阵亡。当地民众为其英勇事迹所感，将其父子合葬于屿仔尾，设坛褒其忠义，永为纪念。

图 4-13　第二届马銮有应公文化节开幕式

图 4-14　第二届马銮有应公文化节精彩节目——双狮戏球

至今有应公信俗已有500多年的历史，历经明、清及民国时期，几经岁月变迁，依然香火鼎盛，各界善男信女纷至沓来，祈求敬拜，尤以沿海渔民及海外乡亲信念更笃。1994年，因庵前新建公路，为使有应公信俗继续得以保护和传承，马銮社区共同举荐杜成变等35人组成新一届理事会，对有应公庵进行修缮并扩建。现有应公庵占地面积约7000平方米，内有小亭、楼阁、青石芳名碑、翠柏、古松等。近十年来有应公信俗影响越来越大，信俗活动也越办越好。

每年农历四月十二日是有应公的诞辰日，这日清晨6点左右，由30多位理事成员及时备好牲畜、酒馔、果品等供筵，置于有应公神位前，并虔诚焚香以祈福报功，求赐风调雨顺、五谷丰登、六畜兴旺。从农历四月初十至十四日期间，从各方赶来的善男信女聚首马銮有应公庵，包括港澳台同胞和东南亚等各地侨胞，人们载歌载舞以歌仔戏、木偶戏、舞龙、舞狮、腰鼓等各种民俗表演，向有应公祈福，以求社区祥和繁盛。期间，这一带人山人海车水马龙，每年前来祭拜的各地信众接近20万人。随着时代不断进步，社会风气越发好转，善男信女不断增加，与有应公相关的各种民俗信仰文化活动更加健康丰富，这些都促进了马銮民众社区生活和谐、文明、有序地向前发展，同时有应公管理基金会工作也比以往更加丰富了。现管委会将基金用于教育、医疗、养老、抚恤、基建等社稷民生方面，使有应公慈爱民众、润泽苍生的精神得到进一步发扬光大。

如今的马銮有应公信俗，不仅成了当地重要的民俗文化活动，也升华为联结海内外华侨华人的重要精神纽带，极大地加强了人们对中华传统文化的认同感和自豪感。

五、嘉庚瓦制作工艺

嘉庚瓦制作工艺作为我们的非物质文化遗产是当之无愧的，它是陈嘉庚先生为在台风多发地的厦门地区建高楼而创新制造的。

嘉庚瓦似欧洲的机平瓦，但经陈嘉庚先生的革新改造，具有了抗风的功能。

嘉庚瓦制作工艺流程为：松散红壤适度掺水后用脚踩压，用工具翻（后改为搅拌机碾压），反复搅拌揉捏使黏度均匀，至橡

厦门日报 | 15

LUDAOJINBAN

2007年3月19日 星期一

传奇

[汇闽南之奇 揭民间之秘]

红彤彤的嘉庆瓦悄然『褪色』

"海皇帝"蔡牵的传说

图 4-15 《厦门日报》关于嘉庆瓦的报道

皮泥团状。瓦模擦上油，用铁线弓（竹片为弓，铁丝为弦）割取泥团压进瓦模（原木质，后改为铜质）制成瓦坯。瓦坯置放棚内自然风干后，修整坯边使之美观，然后装坯入窑，层叠码放，封闭窑口，起火焙烧。窑内温度保持在1000摄氏度以上，焙烧时间十几天至一个月。

1910年代后期，集美学村和厦门大学大规模的校舍建设需要

图 4-16　烧制嘉庚瓦的窑

大量的瓦片。要从海外进口成品洋瓦（机制水泥瓦或黏土红瓦）或进口洋灰（水泥）再制作，远涉重洋的运输等费用高于洋瓦本身的价值，因此不值得。闽南传统的手制红瓦片虽然抗阳光辐射能力比水泥瓦强，但是单片遮盖面积小且轻薄质脆易破碎，抗风力又低，高层校舍屋顶高面积大，不宜在上面使用。如果全部采用琉璃绿筒瓦则不仅造价过高，色彩也显单调。

陈嘉庚先生最后决定就地取材，用本土的泥造自己的瓦。他将闽南造瓦用土送欧洲化验，得到可行的结论后，便引进生产洋机瓦的模具等机器设备，选定闽南土质最适宜生产砖瓦、运输又方便的漳州石码作为基地，土洋结合开始制造机制黏土瓦。此前嘉庚先生从提高瓦片的强度和抗台风的能力上，对机瓦的模具进行革新。

陈嘉庚先生首先要求把模具加大，使瓦片增厚加重，每 15 块瓦片净重必须达 100 斤；其次在瓦片底面的中下部增添了一个长 3 厘米、宽高各 1 厘米的疙瘩，这疙瘩在瓦坯刚制出后，趁软用小竹签插穿其正中，焙烧后，疙瘩正中就留下了一个小孔。这小孔，是为穿铜线而设，铜线穿过那细眼，可将瓦片牢牢地系在椽子上。

经过陈嘉庚先生这样改革的新机瓦，瓦体强度提高，不易破碎；因瓦体厚重又有铜线牢系，任凭风再狂，瓦片在楼顶上仍岿然不动。这样，就地取材、土洋结合推陈出新的既抗风又防热的嘉庚瓦就诞生了。嘉庚瓦于20世纪30年代后期生产停滞，20世纪50年代初恢复大生产。

嘉庚瓦诞生后，在集美学村、厦门大学并不叫“嘉庚瓦”，而称为“改良瓦”或“机瓦”。因为陈嘉庚先生说，他所做的一切不是为了自己，他不许人们用他的名字为物品命名。但是因他创造的新瓦片独具特色、性能优秀、色彩艳丽，大家还是尊称为“嘉庚瓦”。

图 4-17 图 4-18 图 4-19

图 4-17　嘉庚瓦制作机器
图 4-18　嘉庚瓦模具
图 4-19　嘉庚瓦成品
图 4-20　改良嘉庚瓦应用（厦门大学嘉庚建筑群）

六、闽南童玩

闽南童玩是流行于闽台地区和海外闽南籍华侨华人儿童中的游戏，包括童谣童玩、指掌童玩、田野童玩等多种。集美的童玩历经数代人的创造、改编、演变，已经有 1000 多年的历史。

闽南童玩是儿童自己亲手做童玩玩具，利用废弃的物品，做到变废为宝。典型的代表有抽陀螺、踩高跷、手作筷子枪、推轮车、摇车撵、丢沙包、抬轿子、滚铁环、过五关、跳格子等。儿童的天性就是好玩，在玩耍中学习、在玩耍中成长。集美的童玩玩具有以下特色：

图 4-21　当地民间老艺人定期为同学们传授闽南童玩制作技艺
图 4-22　灌口中心小学童玩作品陈列室

图 4-23　闽南特有的棋艺既满足了孩子们的好玩天性，又锻炼了体力和脑力

一、玩具就地取材，废物利用，不花钱就能玩得开心；

二、儿童自己动手，既动手动脑，又锻炼身体；

三、形式多样，有随季节变化而更换的，有男女专属的，有自娱自乐的，有合作对抗的。

指掌童玩通过指掌运动，既锻炼灵活的指掌，又揣测双方的心思，“得心应手”是取胜的法宝。如“加刀剪”“扳乌白”，都是集美许多儿戏童玩的开端，无论是活动分组还是选择场地，指掌童玩通常与配套的童谣一起进行，玩起来有声有色。比如类似“击鼓传花”的《嘟嘟相干》，不用花不用鼓，只需要每人伸手念童谣：

嘟嘟相干，
麻油炒竹。
竹四斤半，

蚝仔圆，

煮面线。

公仔呷，

婆仔看。

公仔呷一碗，

图 4-24

图 4-25

图 4-26

图 4-27

图 4-24 “厦门市首届闽南童玩节”上，省、市领导与两岸的小朋友共同放飞竹蜻蜓

图 4-25 打陀螺

图 4-26 跳皮筋

图 4-27 丢沙包

婆仔礼流烂。

王公玉女，

小人君子，

不是伊呀就是你。

当念到“你”时，谁的手心被点到，谁就是中彩者，或者表演节目，或者接受处罚。

指掌童玩中的“手影戏”，利用光线与手形一次次微妙的变化，组成独特的不同造型。

还有“挑绷绸”，俗称“翻网”，是将一根线索结成环状，两人交互为绳索织造型，通过手指的直、曲、分、合、翻、转等功能，不仅绳索花样翻新，手掌各部分的肌肉也得到充分的锻炼。

编结童玩包括编织童玩与绳结童玩两大部分。

闽南的摩编和草编，在唐代就是闻名遐迩的手工艺品。援草绳、掠草青、掠辫子、打布纽、编麦灯、编麦等编织童玩，深得集美孩童的喜爱。每年元宵刚过，孩子们游灯兴致未减，总喜欢采摘麦秸制作麦灯，做了玩，玩了扔。现在的集美麦子难寻，可以将用过的吸管洗干净，代替麦秸来扎麦灯，废物利用，不同的材料，相同的趣味。

绳结童玩就是利用绳索玩出各种花样，如打组推、扎秧、“测”绳子等。绳子的结法千变万化，有的结实牢靠，有的美观大方，当成游戏来玩，既能锻炼手脑，也能在生活中学以致用。

集美弈棋童玩的思维方法光怪陆离，玩起来相当有趣。在集美流行的弈棋童玩主要有三类：

第一类是历史悠久、棋路变化复杂的国棋，如象棋、围棋、五子棋等；

第二类是由国外引进的棋种，如国际象棋、军棋；

第三类是有趣的游戏棋，这类棋出自寻常百姓家，品种丰富，各具特色，吸引爱动脑筋的儿童棋手。名字也十分朴素，如“跌落屎穴”、行直、打鸟、赶猪母、龟壳棋、盖棋等。

“跌落屎穴”的规则很简单：画了对角线的正方形，其中一边画一圆圈，将其作为屎穴，棋子沿四条边和两条对角线作为行棋路线，当一方的棋子被包围，只能从画屎穴的边上行走，就会“跌落屎穴”。

集美的手工童玩包括折纸、剪纸以及制作各色玩具。手工玩具有单杠超人、树叶口哨、风遨、鸡蛋不倒翁、竹蜻蜓、行军帽等。

比如做风遨，做法多样，可以做纸风遨、树叶风遨和易拉罐风遨等。以树叶风遨为例，只要准备六片带柄的树叶、一根小木根和一枚图钉，将其中五片叶子的叶柄循环插入叶片中，构成五角星状，把最后一片叶子垫在下面，再用图钉钉牢，树叶风遨就做成了！孩子们举起自己做的风遨奔跑，逆风而动，欢快无边。

竞技童玩则充满挑战意味，契合孩童好胜不服输的天性。早期集美的大街小巷，都是孩子们成群结队地玩游戏拼输赢，比如扔沙包、弹珠子、弹龙眼籽、玩鸟碟、摔纸碟、掩孤鸡、玩翁、跳七星、跳飞机、过五关、遨车圈、掩水鱼、钻山洞、溜虎须等，品种五花八门，令人眼花缭乱。

竞技童玩的趣味在于和闽南童谣的紧密结合。集美的孩子们总是一边玩童玩，一边念童谣，如童谣《放鸡鸭》，就是在丢沙包时唱的。参加游戏的孩子分为三类角色：主人、母鸡和小鸡。游戏开始后，“主人”用双手把“母鸡”的眼睛蒙住，“小鸡们”分头躲藏。这时，“主人”开始念唱童谣：

掩呼鸡，

掩白卵，

一粒含，

一粒舔，

呼鸡子躲也没，

放母去找贼，

找无来，

抓来台（杀），

找无来，

抓来锯，

要吃土？

啊要吃米？

吃土！

放你去七桃。

要吃米！

找甲半小死。

“母鸡”说：“要吃土。”“主人”就放手，让“母鸡”开始找“小鸡”。过一会儿，“主人”开始叫：“足呼，足呼来吃米。”“小鸡们”赶快跑到“主人”面前拍“主人”的手说“吃米”，就算过关。

还有一种捉迷藏叫“点丁丁”，以及拍手游戏“决米糕”“炒汝葱”，集体游戏“跳脚家”“光新娘”等，也要配合趣味十足的闽南童谣，才能完成游戏。

图 4-28　惠应大师塑像

七、集美孙厝惠应大师信俗

惠应大师名孙应，孙厝人，生于南宋庆元二年（1196 年），惠应大师祖庙位于孙厝社区乐安南里 128 号与 197 号之间，也就是云龙岩宫。

孙应皈依佛教后，法名惠应，寻师太湖，结庐而居，苦修数十载。平生为民解困救难，恩泽一方，成为一方民众的保护神，乡人修筑云龙岩宫供奉。

史料介绍孙应：“少小聪颖，即异侪辈，不如荤、不受室，长大后皈依佛教，寻师访道，至安溪县长坑大众山创立泰湖岩禅寺，弘法授徒说谒，为周边民众治病，解民众之疾苦，进京为宋太后治愈顽疾，赐爵不受，皇帝敕封‘真异大师’，明皇又追赐‘惠应大师’；九十七高寿升化，香火返回故里孙厝云龙岩，又由云龙岩薪传同安、厦门、金门、台湾各地以及东南亚各国，善信众多，香火鼎盛。”

图 4-29

图 4-30

图 4-31

图 4-32

图 4-29　祈福

图 4-30　攻炮城

图 4-31　辇轿

图 4-32　信俗表演

1927年，岩庙历经沧桑破损不堪，急需修缮时民生竭蹶，资金一时难以筹措。嘉庚先生听闻后，慷慨解囊，从新加坡汇来巨资，委托孙厝其表亲孙老本主持“云龙岩”修建工程，终不负众望，修复一新。

1956年，岩庙结构风化腐蛀，岌岌可危，必须重建。适逢孙厝乡贤、旅居新加坡的爱国侨领孙炳炎进京参加国庆后回乡省亲，目睹其状带头捐资，家乡侨群乡贤纷纷解囊，为祖岩重建添砖加瓦。

如今的云龙岩展现了浓郁的嘉庚建筑风格，古朴典雅，蔚为壮观。工艺上，采用了闽南宫庙建筑中的“剪瓷雕”“檐山顶”“燕尾脊”，且保留了不少前代文物珍品，如楹联墨宝、石雕木刻、前庭门柱处的双石狮，前殿的一对古拙雕龙石柱和拱梁上的两对狮、橡木垫斗，庙中的透雕八仙蟠龙青石柱等。每件珍品的匠心工艺，都吸引着八方善信游客驻足称赞。

作为岛内外孙姓祖佛，不仅禾山五通村、高林村，集美孙厝村，同安的梧侣村、后宅村、柑岭村，汀溪奎武岫及安溪泰湖岩，就连金门的湖井头祖师公庙也供奉着真异大师。每年农历正月初六日为云龙岩惠应大师进香圣节，泉州、惠安、晋江、东山、龙海、广东、台湾一带孙氏子孙均前来进香，东南亚各个国家的孙氏后裔也组团回来谒拜。

这一天，农家户户早早摆上香位和供品，焚香挂炮，从云龙岩祖庙开始，按村角落分设九个坛点。村民肩抬祖师神辇绕境巡视，马队开导，后随鼓乐队、乐安狮队和信徒组成的进香团，沿途舞狮舞龙，喜气洋洋，热闹非凡。锣鼓与鞭炮齐鸣，烟花和香火缭绕，到处洋溢着喜庆的气息。惠应大师的轿子每巡视到一处坛点，村民们便焚香放炮，祈求来年风调雨顺、国泰民安。

惠应大师信俗的优势在于广泛流传，无论在城市还是农村，老人还是儿童之中，都颇具影响力。

图 4-33　凤山祖庙供奉的大使公暨清源真君神像

八、灌口凤山大使公信俗

集美灌口凤山大使公信俗的神明，即四川都江堰二王庙中的李冰父子。凤山祖庙始建于明朝启祯年间，由于香火兴旺，渐成集市。为纪念来自四川灌口的神，集市就叫灌口镇。

《同安县志》和《凤山祖庙碑志》记载：明朝时，深青驿站“有四川灌江县人为丞”，驿吏“奉二郎神炉”。崇祯年间，“丞歿，遭兵燹驿废，神炉弃道旁，猎犬将其衔至凤山，卧守不离”。乡人感到惊奇，筑一小庵置祀，后来小庵改建成庙宇，即凤山庙。

图 4-34　首届凤山祖庙大使公文化节开幕式

图 4-35　大使公圣诞日，集美非物质文化遗产项目在展演

图4-36　大使公文化节（农历十一月二十六日），人们抬着大使公神像在巡境

灌口凤山大使公信俗的节日有两次，一次是农历三月初七日的年祭，第二次是五月初四日的大使公圣诞。每年的这两个节日，各地善男信女云集灌口，上香祭奠，逐渐形成独具特色的祭拜仪式和进香阵头赛会的习俗，凤山庙也成为海内外广大信众祭祖、朝圣的圣地。

灌口凤山祖庙由山门、前殿、天井、后殿、左右厢房和庙前日月亭等建筑组成，占地面积 1567 平方米。庙旁有碑，碑文述说祖庙由来。祖庙山门面对安仁大道，正中楹联题：

真君降孽蛟伏螺精功德不朽
大使开灌口拓台郡业绩千秋

明末清初，灌口也是郑成功反清复明的基地之一，许多来自灌口及周边地区的将士，追随郑成功收复台湾。灌口籍的将士为祈求大使公的庇佑，把香火也带到了台湾，成为台湾先民抵洪抗涝的精神支柱，大使公信俗因此在台湾传播开来。清代雍正、乾隆年间，灌口銮井村的陈氏大批迁居台湾，繁衍成现今台北县三重市、彰化县二林镇、嘉义县大林镇、台中县东势镇等地的望族，其大使公的香火也来自灌口的分炉。

目前，台湾奉祀大使公的庙宇达160多座。东南亚一些国家和地区，缅甸仰光、马来西亚槟城、印尼三宝垄、泰国曼谷等地，都有灌口凤山庙的分炉。

尽管大使公传到各地后名称不一，比如泉州府属的各庙称“日月大使”，漳州府属的各庙称“清源真君”，台湾一般称“王孙大使”等，但香火都是来自灌口凤山庙。可见，灌口凤山庙是大使公信俗的发祥地。

九、后溪霞城阵头

后溪霞城阵头是与城隍庙相关的城隍民俗活动。集美后溪霞城又称城内，是集美唯一的省级传统村落。椭圆形的城池内，四个城门分布不同的庙宇，其中的城隍庙闻名海内外。

城内有保存完好的清顺治十八年（1661 年）建成的城墙和城门“拱辰门”“临海门”以及近百座闽南古厝。霞城城隍庙，始建于清康熙元年（1662 年），香火鼎盛，闻名两岸。它不仅是台北霞海城隍庙的祖庙，更是台湾各地城隍庙的“太祖庙”。

图 4-37　舞神将装扮

霞城阵头已有300多年的历史。1821年，同安人陈金城将城隍文化带到台湾，并于1859年在台北大稻埕兴建城隍庙。因怀念故乡霞城和临海门，因此取名“霞海”。此后，台湾其他地方也纷纷从霞海城隍庙分炉，在当地建起城隍庙，共尊霞海城隍庙为祖庙。

霞城阵头曾经失传100多年。1992年，台湾的分庙回集美后溪祭拜，霞城阵头重新展现在乡亲们面前，让人耳目一新。村里老人说，要把阵头重新捡起来练，老祖宗的东西不能丢。

随后，成立后溪霞城阵头队，派人到台湾交流学习。后溪有崇尚习武的传统，一开始，阵头队只有十几个人。2012年，阵头队初步形成，请来了指导老师，从定制神将装备到表演，每个细节都由老师手把手教学。

参加霞城阵头队，苦练是必不可少的。神将的高度比人的身体高出近一倍，扛在肩上不仅需要力气，更需要技巧。每尊神将

图 4-38 阵头列队准备出发

重量都在80斤以上，神轿由400多斤的实木打造而成。队员们轮流钻进两米多高的神将服装道具里，踩着高低交叉的步法，时而单人踱步，时而两人互拜，每个步法都是有讲究的。来自台北的老师每年都会来传授一些新的阵头步法，大家有时间就抓紧练习。

目前，霞城阵头队已经有160多人，他们中有企业老总，有厨师，也有电工，年纪最大的55岁，年纪最小的仅18岁。父子、兄弟、全家齐上阵的，比比皆是。

每到周五、周六的晚上，他们聚集在城隍庙前，敲着锣、打着鼓，认真进行排练。如果遇上下雨，大家就在晒谷场练习，即使满身大汗，也没人喊累。为了锻炼身体的力量，队员们想出了各种训练办法，多年下来，他们的肩膀上都长了厚厚的老茧。

每年的农历十一月二十二日城隍寿辰，全体队员身穿两米多高的神将外套，抬脚踏步，边走边舞，演绎传统的霞城阵头。男的擎神轿、舞神将，女的当义工、打军鼓。台北霞海城隍庙必定会来“走亲戚”，霞城城隍庙因此成为福建省重要的对台交流点之一。

经过10多年的发展壮大，阵头队人数越来越多，终于重振昔日雄风。每个队员都有一个共同的心愿：通过自己的努力，让曾经失传100多年的霞城阵头传承下去。

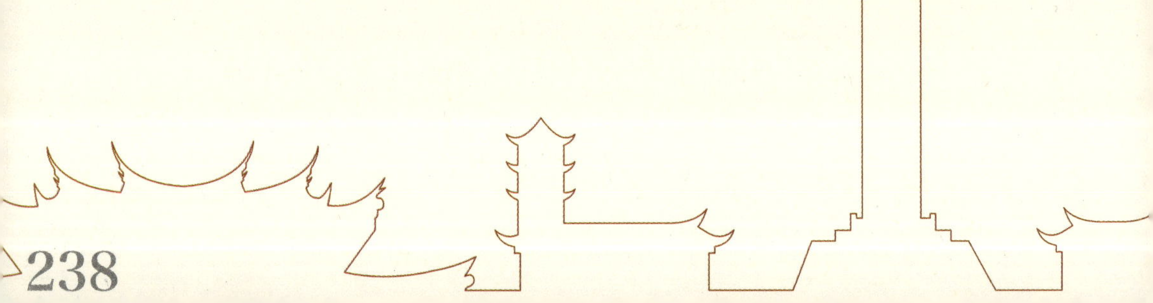

十、集美霞城城隍庙庙会

集美后溪霞城城隍庙始建于清康熙元年（1662年）。据《泉州府志》记载：顺治十八年（1661年）始，清政府为围困郑成功的抗清武装，实行“迁界禁海”政策，沿海居民以城墙为界，滨海三十里内不得居住。清康熙元年（1662年）八月，朝廷下旨，由福建总兵李率泰、同安总兵施琅等负责督造城池，命名“城内”，又称“霞城”。同时，在南城临海门建城隍庙。康熙二十二年（1683年），清政府下令复界，霞城逐渐繁荣。

之后，同安陈氏宗亲奉请霞城城隍爷金身，一起东渡台湾地

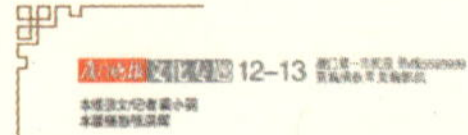

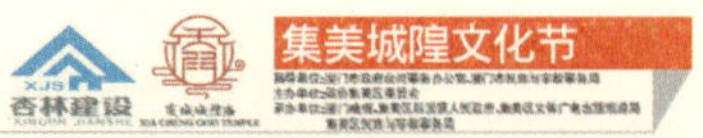

2013.1.6

正则为神：民心向背决定了神格走向

两岸专家就城隍文化发表精彩观点

在城隍信仰上两岸完全一致

亲民的城隍神赢得人民拥戴

城隍是城市居民心灵安稳的保障

同安历史上有三人被奉为城隍神

只要有城即可设置城隍庙

城隍信仰可以凝聚净化人心

台湾地方史有许多城隍记载

希望年轻人拿香不拿枪

在传承中"取其精华、去其糟粕"

城隍文化已成统一识别符号

城市中有文化文化融入生活

后溪城隍庙的城隍究竟是谁？

图 4-39

图 4-39　媒体报道：两岸专家就城隍文化发表精彩观点

图 4-40　媒体报道：集美城隍文化节

2013.1.6 星期日

厦门第一市民报 热线5580999
责编/黄秋带 美编/郭娇 11 文化专题 厦门晚报

论城隍话同源 以神缘促人缘

“信仰与传承——两岸城隍文化论坛”举办，大学生听众互动踊跃

本报讯（文/记者 龚小莞 图/张淇辉）1月4日，“信仰与传承——两岸城隍文化论坛”在华侨大学厦门校区王源兴国际会议中心举办。海峡两岸城隍文化研究学者、文史专家，以及华侨大学学生、教师代表等近百人出席，进行民俗文化的交流。

据了解，“信仰与传承——两岸城隍文化论坛”是首届集美城隍文化节的重头内容之一。旨在通过闽台民俗文化交流，凸显两岸神缘一脉、民俗同源的密切关系，营造浓厚的学术氛围，扩大海峡两岸的城隍学术交流及文化影响力，从而进一步打响霞城城隍庙在两岸的知名度，推动后溪镇经济、旅游和社会各项事业的全面发展。

论坛由厦门晚报社、集美区后溪镇人民政府、集美区文体广电出版旅游局和华侨大学联合主办。两岸专家学者在论坛上围绕“信仰与传承”发表主题演讲，如全台城隍庙联谊会会长叶源助讲述“全台城隍庙联谊会之精神与展望”，台北霞海城隍庙管理人陈文文解读“霞城城隍与霞海城隍之乡情”，厦大人类学系助理教授刘家军介绍“中国闽南城隍文化的主要识别、特色及交流前瞻”，文史专家李启宇发表了“后溪城隍文化探源”等等。

“信仰与传承——两岸城隍文化论坛”在宣传城隍文化，扩大两岸城隍学术交流的同时，也加强了传统文化在青年学子中的影响和传承。许多到场听讲的大学生，积极参与互动交流环节，踊跃向专家学者提问。华侨大学学生小潘说：“我之前对闽南和台湾的城隍庙没有太多了解，听了专家学者们的演讲后，有了基本的认知。印象最深刻的是台北霞海城隍庙管理人陈文文的演讲，很生动、吸引人，如果以后有机会去台湾，会到那里的城隍庙看一看。”另一名学生小程说：“这次论坛让我感觉到两岸确实是同根同源，两岸文化的根都还在，也需要寻根溯源。大学生对城隍文化的了解比较少，举办这样的论坛让我们受益匪浅。”

▲大学生们兴味盎然地聆听专家演讲。

◀台湾嘉宾带来的月老玩偶。

花絮

台湾来宾派送月老福袋

台北霞海城隍庙管理人陈文文特别从台湾带来了许多月老的福袋现场派送。她说，台北霞海城隍庙内供奉了月老，每年农历七月初七都会举办请月老等各种未婚联谊活动等，促成了很多美好的姻缘。这次，她特别带来了在庙里过了香的月老福袋，里面还放了红丝线。参加论坛的所有人都收到了月老的福袋。陈文文传达了其中美好的寓意：福袋可以保佑未婚的找到好伴侣，已婚的婚姻生活更牢靠、美满，老人家则可以求得好人缘。

洪卜仁担任主持 还赠书给参与者

85岁高龄的文史专家洪卜仁老先生亲自担任“信仰与传承——两岸城隍文化论坛”下午场的主持人。作为首届集美城隍文化节的顾问，洪老还负责编选了《闽台神缘话城隍》一书，并赠送给论坛的参与者。《闽台神缘话城隍》一书收录了两岸专家学者的40多篇论文，包括《福建城隍文化渊源探略》《闽南城隍庙与城隍信仰》《霞城城隍庙简介》等。洪老表示，城隍信仰及其衍生出来的两岸民俗文化，源远流长，历史悠久，血浓于水，已成为闽台民俗交流的重要纽带。两岸同胞血脉相连，神缘也是相通的。城隍是代表惩罚奸恶、弘扬正气的地方神灵，两岸也应该达成共识，弘扬惩恶扬善、公平公正的精神。

（文/记者 龚小莞 图/张淇辉）

人人都可以成为城隍爷

□文/记者 龚小莞 图/张淇辉

“城隍爷的形象到底是什么样的？”“作为新时代的大学生，应该如何以自身行动传承城隍文化？”……在“信仰与传承——两岸城隍文化论坛”上，学生听众们的提问异常踊跃。

针对大家普遍感兴趣的城隍爷形象问题，几位专家解释说，每个地方城隍庙内供奉的城隍爷不一定是同一个人，不同地方城隍庙的神是不一样的。“城隍爷”其实只是信众头脑里面的概念。“城隍神没有具体的形象，只是把距离我们最近的，感觉最亲切，最能代表心目中形象的人物当作城隍神。一般是得到民众爱戴，清廉正直的官员形象，或者守土有责，有功于这座城的英雄人物。”

至于如何传承城隍文化，厦门市闽南文化研究会会长陈耕说：“城隍文化是传承一种精神，而不是具体的形式。城隍爷代表正义，即惩恶扬善，还有公正，不畏权势，不谋私利，让人有所畏惧。城隍文化的核心就是感恩和敬畏，它提醒大家，不管官员还是百姓都要有敬畏之心。”

集美区文体广电出版旅游局局长吴吉堂指出，中华文化源远流长，但在国际上的地位是不牢固的，影响度还不是很大。现代的文化包括影视动漫等都受到韩、美、日甚至欧洲文化的冲击，国产电影票房总和不如人家一部《阿凡达》，动漫基本和日本没得比。这说明我们本身对中华文化的认知有问题，必须引起高度重视。他认为，城隍文化是中华文化的组成部分，城隍神，是中国人心中对先贤的一种崇敬、敬畏，对正义的追求。其实人人都可以做城隍神，以清廉、仁贤的美名，让群众从心里上把你当作一种信仰，就是我们所说的，永远活在人民心目中。人性是共通的，要传承城隍文化，就要在输出文化的过程中抓住人、人性的根本，同时还要有很好的形式，可以借助一些科技手段，如通过动漫故事的形式，甚至网络的方式输出，产生效益。

吴吉堂展示台北霞海城隍庙管理人陈文文的创意名片。

即时互动：官方微博 新浪@厦门晚报 @我要说 腾讯@厦门晚报 厦门网：www.xmnn.cn 电子邮箱：xmwbnews@vip.sina.com

图 4-40

区和新加坡，从此，城隍庙在台湾台北、屏东、嘉义等地以及新加坡等东南亚各地分炉繁衍。

2001 年，台北霞海城隍庙宗亲回大陆省亲，在后溪城内找到城隍之“根”。于是，台胞宗亲捐资 600 多万元，在后溪城内

图 4-41

图 4-42

图 4-43

图 4-44

图 4-45

图 4-41　祭祀仪式

图 4-42　阵头祭祀仪式

图 4-43　庙会民众祭拜聚集场面

图 4-44　民俗节目表演

图 4-45　庙会糖人艺人现场制作

原址重建霞城城隍庙，使其香火永继。

每年的农历五月十三日城隍爷神诞，也就是霞城城隍庙会，都要举行隆重的朝拜仪式和各种闽南民俗活动。首先由公选出的八位德高望重的长老和道士领头做敬、进香请天公，朝拜城隍爷，祈求风调雨顺、国泰民安。

随后，舞龙舞狮、踩高跷、宋江阵、扭秧歌、耍杂技、布袋戏、歌仔戏、腰鼓队等各种民间文艺表演竞相展开。当地群众拖家带口，外来游客呼朋唤友，从世界各地齐聚后溪；鞭炮齐鸣锣鼓喧天，阵头震撼秧歌舞动，热闹场面让人目不暇接。

庙会期间，临边、浦边、后塘、下店、柴场等附近的城隍庙分庙，包括台湾地区以及新加坡等东南亚一带城隍庙，都会组成进香团前来朝拜及进香。来自海峡两岸和港澳的同胞借此机会进行情感交流，极大促进了海峡两岸和港澳民俗活动的发展。

十一、姜屿山铁炉宫关帝信俗

铁炉宫坐落在集美区后溪镇西井村姜屿山，至今已有 500 年历史，不仅是集美区重要的涉台文物古迹保护单位，更是台湾嘉义县鹿草乡西井村圆山宫的祖庙，是厦门与台湾重要的民间信仰和两岸文化交流的纽带。

1000 多年前，开闽王王审知三兄弟带领农民起义军入闽，在这里开设炉灶打造兵器，铁渣满布附近，故这里被称为“铁场”。明朝正德年间，有一群江西人带着家乡祀奉的关帝爷来“铁场”谋生，返乡时忘了带回随他们漂泊 20 多年的神祇 ，等他们返回

图 4-46　焚香祭拜

图 4-47 祭祀布置场景

图 4-48　巡游表演队伍

旧地寻找，却不见了关帝爷。于是他们建了一间小屋，作为神祇的栖身之所。从此，这间小屋也便成了本土乡亲祭拜关帝爷的小庙，“铁炉宫”因此得名，香火日渐旺盛。

康熙年间，部分后溪西井村民过台湾定居，也将关帝爷带到台湾，并在嘉义县鹿草乡西井村修建了铁炉宫关帝爷分炉圆山宫，为怀念故乡，落脚地也叫西井村。

1992 年，台胞黄德旺返乡谒祖，在后溪镇西井村找到了铁炉宫祖庙。一个四角井，一棵古樟树，两村同名西井，两宫同奉关圣帝君，展示了后溪铁炉宫与台湾圆山宫的历史渊源，见证了两岸割舍不断的情缘。

每年元宵前后，后溪镇西井村民众就会将关帝神像抬出庙宇，按规定的线路绕境巡安。每到一处，各家各户都会备好香案，祭拜、读祭文，祈安求福。除了绕境巡安外，还要在铁炉宫门前广场举行传统习俗“抬佛”比赛。后溪本地五个村庄和厦门第二农场各自组派一支队伍，八名小伙子同抬一顶神像圣轿进行百米比赛，争先拔得头筹。“抬佛”游街万民同乐，保佑四方百姓，祈求来年五谷丰登、安康幸福。民乐合奏、芗剧小唱、古筝独奏、太极扇、雨伞舞……文艺演出同步上演，让群众和游客充分体验当地民俗文化和关公的魅力。

西井村民除了拜自家的神明，还要到村里的铁炉宫进行祭拜，放鞭炮、拜公香，祈求家人平安、事业顺利。

西井村元宵节放鞭炮，还有个与关帝有关的传说：清朝嘉庆年间，民间霍乱流行，村民向关帝求助。关帝显灵，将在农历正月十三日扫荡病疫，附近信徒也群起大放鞭炮助阵，一直到正月十五日元宵节结束。果然，疫情得到控制，民众都非常感谢关帝，于是这个习俗就流传下来。

十二、高浦高氏祭祖信俗

集美高浦高氏一族于南宋嘉定元年（1208年）由高士表从泉州安平祖地迁来，是厦门最早、最大的高姓聚集区。

800多年来，高浦高氏迁播到广东、港澳台地区，以及新加坡、菲律宾、缅甸、马来西亚等国。高浦高氏祭祖信俗秉承中华高氏宗祠文化的脉络，结合宗族文化、尊儒重教的思想，伴随子孙繁衍传播到世界各地，是海峡两岸高氏祭祖信俗与高姓历史文化研究的典范，也是连接海峡两岸和海外高氏宗亲的主要桥梁与纽带。

高浦高氏宗亲举办的祭祖典礼，旨在追念高氏先祖 800 多年前迁徙至厦门。敬拜祖先是中华传统的一部分，举办祭祖典礼，也是为了更好地传承高氏祖先家训。

图 4-49　高浦高氏海内外宗亲返厦祭祖

祭祖时，宗亲要焚香跪拜、敬献祭品。祭祀典礼上，宗亲共同诵读家训，不忘家风。一般有五六百位高氏宗亲聚集在集美高浦祖庙，拜谒祖先，其中包括来自台湾地区和东南亚国家的近百

图 4-50　祭祖仪式

位高氏宗亲。各地宗亲以共祭祖先的行动表明：同出一脉的缘分值得珍惜，不论去到任何地方都不能忘本。

高浦高氏祭祖信俗的意义在于，通过祭祖活动，把报效国家的祖训传承给下一代。高氏祖训不是只放在祠堂里，而且是要用来教育青少年，怎么做人，怎么做事，怎么为社会服务，怎么为国家服务。

十三、马銮杜氏祭祖信俗

据史书考证，唐尧的后裔在周武王初定天下时，仍然是一个独立的国家，名为唐杜氏，直至周成王时并入周室的领域，唐杜氏的后裔从此被改封在杜国。杜国位于现在的陕西长安，即汉代的杜陵。后来，杜国被灭，杜姓子孙出奔，杜姓自此问世。史料记载，杜氏于宋元时期有族人迁徙到福建、广东，集美杏滨马銮杜氏就源于这一脉。

马銮杜氏从南宋度宗年间延续至今，马銮村杜氏家庙已有几百年的历史，是集美著名的宗祠建筑。杜氏家庙目前保留清代建

图 4-51　杜氏家庙

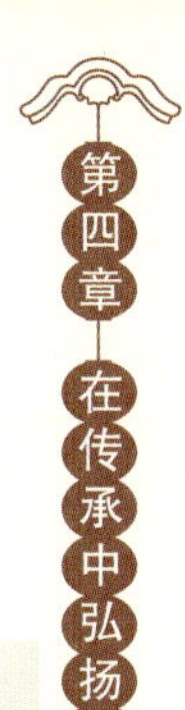

图 4-52　祭祀仪式

筑风格，部分石刻为清代遗物，文化价值颇高。家庙占地 400 多平方米，面向西南，三进面阔，轩敞明亮，以青石砌造施以雕镂，顶架铺设木结构，雕梁画栋，工艺精致。大门正额四个漆金大字“杜氏家庙”，威严肃穆。

杜氏家庙历史底蕴深厚，家庙后堂《复业记》碑刻为明两京大理寺林希元所撰，记载了明嘉靖二十五年（1546 年）杜氏族人几经努力，重新夺回祖田，先祖得禄公在德化屯田置业的故事。而现存的民国二十四年（1935 年）编修的杜氏族谱，详细记载了杜氏家族的源流。

杜氏祭祖每年春、秋两个季节在家庙举行。经过历史发展，马銮杜氏祭祖信俗从集美周边扩大到福清、莆田、泉州、广东、台湾、香港、澳门等地，以及新加坡、马来西亚、缅甸、印尼、越南等国家。每逢春秋两聚，海内外族人相伴寻根谒祖，亲如一家。

十四、陈氏纸扎技艺

纸扎，又称“糊纸”或“纸签”，是将纸黏糊到竹子绑扎成的骨架上，形成各种形状的制作技术。纸扎作品综合了绘画、雕刻、竹艺、刻纸、剪纸等传统手艺，是中华传统纸艺、竹艺精华的集中体现。

集美前场陈赐勇、陈赐坚兄弟的纸扎技艺颇有名气，他们通过剪、贴、拼、扎，一双巧手能做出世间万物，惟妙惟肖。兄弟俩的手艺传自曾祖父，这个家传技艺已有一百多年的历史。

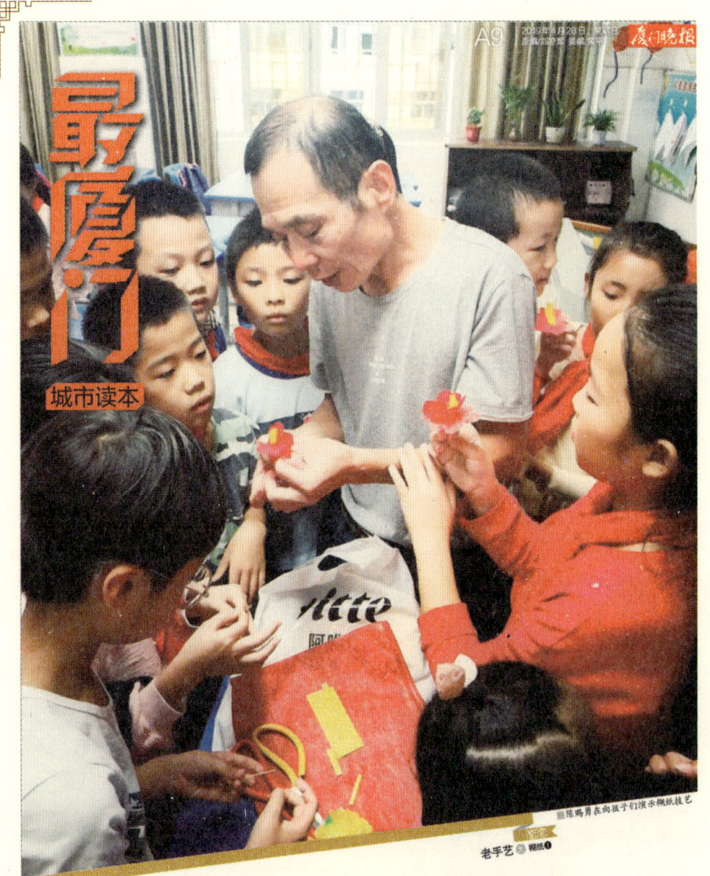

兄弟承祖艺 巧手糊万物

在集美前场一处废旧老房子里，50多岁的陈赐勇、陈赐坚兄弟俩并排坐着，弟弟陈赐坚，一会粘一会贴，各色纸片在手中翻飞，不一会儿，一个小人模型出炉；哥哥陈赐勇拿着画笔，龙飞凤舞，转眼间，表情生动惟妙惟肖的纸片人完成。

英姿勃发的薛丁山、婀娜多姿的惠安女、纤毫毕现的古代神韵、各种造型的灯笼　这些生动又俏丽的纸艺，是集美区前场陈氏传统糊纸技艺代表性传承人陈赐勇、陈赐坚的代表作。

糊纸，又称“纸签”或“纸扎”，是将纸黏糊到竹子绑扎成的骨架上，形成各种造型的古法制作技术。糊纸作品汇集了绘画、雕刻、竹艺、刻纸、剪纸等传统手工制作，是中华传统纸艺、竹艺精华的集中体现。

在集美前场，陈赐勇、陈赐坚兄弟俩的糊纸技艺颇负盛名，通过剪、贴、拼、扎，他们的巧手简直可以做出世间万物，惟妙惟肖。这个传自曾祖父辈的陈氏糊纸技艺，已有一百多年历史。兄弟二人的手艺，也被评为集美区非物质文化遗产，集美区更是成立了前场陈氏糊纸技艺传习中心。

本期最厦门之“恋恋老手艺”，我们关注传承百年的老行当——糊纸。

记者 李小庆 摄影 谢培育

图 4-53　陈赐勇在向孩子们展示糊纸技艺

清朝末年，陈赐勇、陈赐坚的曾祖父陈未，人称“糊纸未”，是当时集美远近闻名的纸扎师傅。陈未将手艺传给儿子陈水加，陈水加的四个儿子中，由大儿子陈荣标（即陈赐勇、陈赐坚的父亲）继承了这项家传技艺。作为陈氏纸扎传统技艺的第四代传承人，陈赐勇从小跟随祖父和父亲学习纸扎，18 岁开始独立完成作品，随后，弟弟陈赐坚也加入学艺行列。兄弟俩从事纸扎技艺已经 40 年。灌口三社一年一度的民间信俗活动，都指定前场陈氏制作糊纸雕像，已经合作了三代人。

纸扎就是把纸糊在竹架上，说起来简单，其中包含很多细碎的工艺制作过程。陈家纸扎用的纸张就有 100 多种，蜡光纸、宣纸、报纸、花边纸等，十分讲究。七色纸也是从专业纸行上挑选出来，有的纸成本高，细花边纸一米要一块钱。一个面具要连续粘贴十几层纸才能坚挺，比较复杂的雕像则要用近百种纸。兄弟俩长年累月养成了收集各种纸张的习惯，出门探亲旅行，也都要购买当地的特产纸。

图 4-54　留学生学习闽南特色纸扎技艺

陈家用来粘贴的糨糊也有严格的要求，不从商店购买，而是沿用传统的方式自己调制。

陈氏纸扎对竹子的选择同样苛刻，在陈赐勇家后院，已经种了二三十年的竹子，它们是陈氏纸扎“标配”。这种竹子称“长枝竹”，市场上很难买到，历代传人都是自己种植。纸扎作品骨架的主干，所用竹子为灌口大岭山上的天然竹子，结实坚硬；枝干只用陈家的长枝竹，还必须是三年“竹龄”，这样的竹条才柔韧性、弹性俱佳，易于折弯，又折不断。兄弟俩已经练就了一双“火眼金睛”，一眼就能判断竹条的年龄。

竹子选好后，破篾是很重要的工序，特别辛苦耗时。竹篾扎骨架也是很考验功夫的，造型不准确，作品就没有观赏价值。最后，绘画、上色也是一门大学问。

无论是高难度的人偶神像、错综复杂的故事场景，还是各式造型的普通元宵灯笼，陈氏兄弟都能生动表现。农村的婚丧嫁娶、闽南的宫庙活动，都有他们的用武之地。

目前，陈赐勇、陈赐坚兄弟已成立传习中心，面向社会收徒，要将陈氏纸扎技艺发扬光大。

图 4-55　乐安宋江狮表演

十五、宋江狮

自古以来，集美孙厝流传着一支闽南传统舞狮队，它就是乐安宋江狮。宋江狮是驱邪避害的吉祥瑞物，是闽南传统舞狮的一种古老表现形式。

乐安宋江狮世代传承至今已30多代人，有700多年的历史。据《乐安堂孙厝孙氏族谱》和《乐安厦门孙厝孙氏志》记载：“从宋末到20世纪中叶，孙厝常年活跃着一支武艺精湛的宋江狮队。乐安宋江狮不仅能增添传统佳节的喜庆气氛，还有强身健体、增进团结和抵御匪患的作用，因而深受闽南一带百姓的喜爱，是厦门乃至闽南地区屈指可数，保存较为完整的传统舞狮项目。”

宋江狮由狮头、狮身和狮尾组成。宋江狮头制作独具匠心，以戏曲面谱作鉴，色彩艳丽，制造考究，嘴部可动；狮身和狮尾以藏青色为主体，周身缝上五色彩条和金、红发须做装饰，整体风格显得雄壮、威武，即简约又华丽，富有浓厚的地方特色。

乐安宋江狮表演由狮旗开始，按啃狮脚、趴乌鱼、跳柴椅、打四角、倒立走、倒头翻、抢狮球、杀狮和救狮共九个章节进行。每个章节动作均有规范动作和严格技巧，表现出欢快喜庆、优美精湛的特点。训练时，锣鼓声伴随村民的哼哈声、兵器的交击声，回响在孙厝上空。

2017 年，宋江狮被评为集美区第三批非物质文化遗产代表性项目。为进一步保护和传承宋江狮，在各级政府文化部门的关心支持下，乐安宋江狮传习馆将致力于宋江狮这项“非遗”项目的保护、传承和发展。

十六、集美答嘴鼓

答嘴鼓类似北方的相声，以二人对口争辩的形式表演，是一种喜剧性的说唱艺术，为广大群众喜闻乐见的闽南民间口传文学，主要流行于闽南、台湾地区以及东南亚等闽南籍华裔聚居地。

答嘴鼓运用丰富多彩、生动活泼、诙谐风趣的闽南方言词语和俗语，以闽南方言富有节奏与音乐美的音韵结构组织韵语，注意情节的敷演与人物的刻画，采用“包袱”的手法与“爆笑料”的艺术手段，取得喜剧性的艺术效果，深受广大群众的喜爱。

图 4-56　答嘴鼓表演
图 4-57　答嘴鼓在集美区传承谱系
图 4-58　陈清平与学生交流答嘴鼓

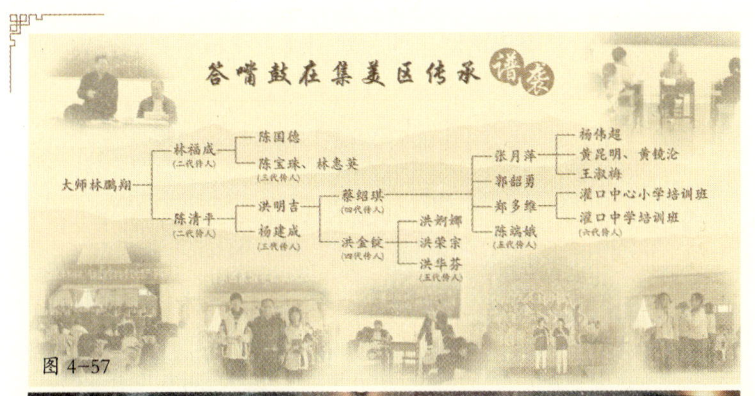

答嘴鼓在集美区传承谱系
大师林鹏翔
林福成（二代传人）
陈清平（二代传人）
陈国德
陈宝珠、林忠英（三代传人）
洪明吉
杨建成（三代传人）
蔡绍琪（四代传人）
洪金锭（四代传人）
洪俐娜
洪荣宗
洪华芬（五代传人）
张月萍
郭韶勇
郑多维
陈端娥（五代传人）
杨伟超
黄昆明、黄镜沦
王淑梅
灌口中心小学培训班
灌口中学培训班（六代传人）

图 4-57

图 4-58

答嘴鼓，需要用闽南话表演，对白讲究严格的押韵。集美答嘴鼓的起源文字记载不详，在古老的梨园戏、提线木偶戏、高甲戏中都有运用答嘴鼓的形式插科打诨。古时和尚、道士做法事，也常常穿插使用这种形式。

明末民族英雄郑成功率领大军收复台湾，将士多为闽南人，“念四句”也传至台湾，当地称“四句联仔”，后来逐渐发展为“触嘴古”，与“答嘴鼓”形式相同。

中华人民共和国成立前的集美，民间卖艺的、卖药的在招揽生意时，乞丐在行乞时，说的话都讲究押韵，即兴发挥，如同顺口溜一样，也是单人答嘴鼓的一种形式。

说学逗唱是相声的基本功，答嘴鼓除了说学逗唱外，还要精通闽南话、闽南俗语、闽南话的押韵等。闽南话掌握得好，才能讲好答嘴鼓，包括歇后语、歌谣、民谣、童谣等，最重要的是日常对话。没个十年工夫，很难熟悉这门艺术。

集美灌口中学退休教师陈清平，被文化部列为国家级非物质文化遗产项目答嘴鼓代表性传承人。在陈清平老师的带领下，集美答嘴鼓在校园里生根发芽，队伍正慢慢壮大，代代传承。

如今的集美，学习答嘴鼓的人越来越多，有社会上各行各业的人，也有在校的中小学生；还有一些成年人一边学习，一边传授给社区的居民。很多外地来的新集美人对闽南话感兴趣，通过学习答嘴鼓，带动了闽南话在集美的普及。

图 4-59

图 4-60

图 4-61

图 4-62

图 4-59　陈文瑞故居门前的王审知、陈文瑞等神像

图 4-60　祖祠广场上人山人海的祭祀场面

图 4-61　青年人争抬圣贤的金身，以博得好彩头

图 4-62　走在龙舟池畔的巡境队伍延绵数里，极为壮观

十七、集美社元宵祭祖习俗

集美社陈氏传承一个传统习俗：每年正月十五日，各地宗亲相继回乡祭祖，家家户户合家团聚、燃灯放焰、喜猜灯谜、载歌载舞共度元宵。

元宵当天，当地陈氏宗亲和来自台、港、澳等地区和新加坡等国家的陈氏族亲都汇聚到陈氏宗祠前，祭祖的同时举行舞龙、舞狮、南音、歌仔戏、木偶戏、攻炮城等丰富多彩的民俗展演活动。人们抬着王审知和陈文瑞的神像，在集美学村全境内巡境，沿途人山人海、热闹非凡。人们通过这种“刈香”巡游，一是答谢圣贤和祖上之恩德，祈求风调雨顺、国泰民安；二是鼓励陈氏子弟以圣贤、先祖为榜样，学有所成、报效国家。

集美社元宵祭祖习俗已远播海内外，是连接海内外华侨华人的重要桥梁与纽带；增进了华侨华人同为中华儿女的自豪感与认同感；也是承载历史，启迪未来，继承和发扬嘉庚精神的重要活动平台。

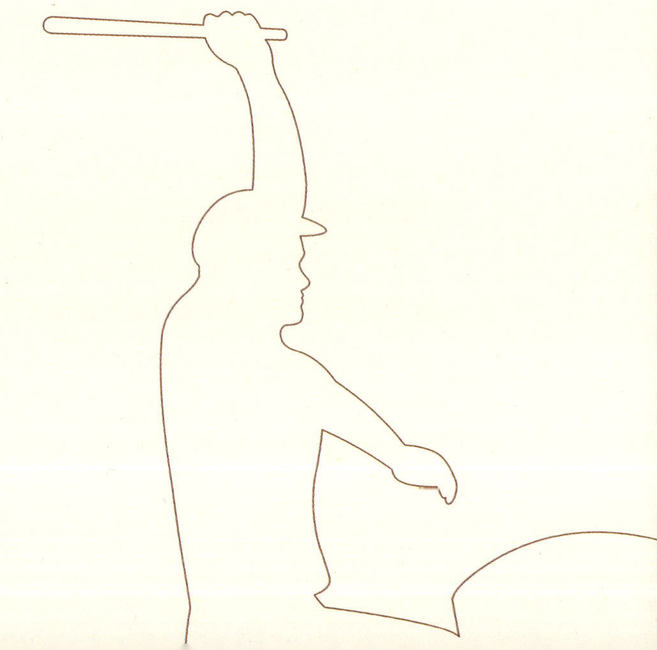

十八、后溪城内五祖鹤阳拳

后溪城内五祖鹤阳拳简称五祖拳，是清末武术家蔡玉明融合了太祖、达尊（罗汉）、玄女、白鹤、猴拳五大拳种的精华，并结合鹤阳师的拳术，经过发展演变而创立出来的传统优秀拳种。

古时候，城内一带常受寇匪的侵袭，村民养成了练武强身、保家护园的传统。清末民初，城内已涌现了五祖拳拳师。20 世纪 30 年代初，城内有位德高望重的族人黄瑞永，他在城内下角祖祠堂设立了五祖拳武馆，并聘请新垵的五祖拳宗师沈扬德的高徒邱剑刚、叶沓连、蔡瑞全等来传授五祖拳。自此，五祖拳在城内逐

图 4-63　五祖鹤阳拳表演

渐发展和壮大。后来，黄瑞永的嫡孙黄军旺继承了五祖拳的传承，在城内开设五祖拳传习至今。

五祖鹤阳拳具有简单实用，少花招，走中门，连消带打，直截了当的鲜明的南拳特征；刚猛激烈、手法简约、变化微妙，善于守而利于进攻；贯穿“摇身震胛”的劲力特点、连绵不断的手法，以及灵活转换的脚法，具有很强的实战性。五祖鹤阳拳中的武器，除了常见的刀、枪、剑、戟、斧、钺、钩等，更有扫把、拐杖、锄头等令人意想不到的“武器”。

随着集美对非物质文化遗产保护力度的加大，城内五祖拳将得到进一步传承和发展。在后溪城内，孩子们也操练起五祖拳、宋江阵，练筋骨、提神气。学员小的才五六岁，就已经能耍多种兵器。还有一些来自四川等地的孩子，因为喜爱而慕名前来学习。

厦门市思明区灌口周宝珍卤味店

编号： NO.0030

地址： 思明区长青路89号之8

1946年，厦门灌口中医世家公子周马瑶，研制出周氏卤味秘方，灌口卤鸭香传四方，人称“卤鸭周”。1986年，“卤鸭周”以爱女闺名宝珍创办“灌口周宝珍卤味店”，从此周氏卤味声传八闽，各地纷纷慕名前来加盟，目前拥有一百多家分店。2004年被中国烹饪协会认定为“中国名菜”，1999年被原国内贸易部认定为“中华老字号”。

图 4-64 《厦门日报》关于灌口周氏传统秘制卤味的报道

十九、灌口周氏传统秘制卤味

灌口周氏传统秘制卤味是中华老字号和卤味行业中的知名品牌，由清末民初灌口人周金朴创立。

周金朴不仅是一位中医，还是个美食家。民国初期，周金朴用三十几种中药材调配出周氏卤料秘方。后来，只要村里有什么节日办宴，都请周金朴掌厨，而每桌酒席上，也必然有一只香喷喷的卤鸭。此后，周金朴卤制鸭子的名气与其医术齐名，“周氏卤味”深受周边百姓的好评。

20世纪50年代末，周金朴的儿子周马瑶子承父业，其卤制的各种卤味品质甚至超过了其父亲，“灌口卤鸭周”的名气便由灌口传播到同安、厦门岛、泉州、漳州等闽南地区。20世纪80年代，周马瑶的儿子周宝在和女儿周宝珍传承了周氏这门传统技艺。

2004年以来，“灌口周氏传统秘制卤味”先后被商务部、农业部、国家质量监督局等六部委以及中国烹饪协会等部门认定和评为“中华老字号”“中国名菜”“全国食品示范单位”“福建百年老铺”“福建名菜”等。

如今，“灌口周氏传统秘制卤味”是由第三代的周宝在和周宝珍兄妹掌舵，口碑声名远扬，加盟店不仅遍布闽南地区和国内的许多城市，其卤味还远销新加坡、马来西亚等国家，深受海内外宾客的肯定与赞赏。

二十、集美木偶戏

集美木偶戏不仅是一门风格独特的古老剧种，也是一门综合的传统表演艺术。木偶戏又称“掌中戏”或“傀儡戏”，是用木偶来表演故事的戏剧，表演时演员在幕后一边操纵木偶，一边演唱，并配以音乐。

木偶戏主要活跃在厦、漳、泉和台湾等地以及东南亚等。演员以手指、手掌操纵偶像进行戏剧性的表演，人物形象活灵活现、栩栩如生，既能表现人物的唱、念、做、打的动作，又能塑造人物的喜、怒、哀、乐等表情，表现出技巧高超、造型精美、风格独特的艺术魅力。

图 4-65　木偶大师黄亚水

图 4-66　黄亚水父女同台

集美地处闽南核心区，木偶戏在漳州诞生后就在集美出现。19 世纪末，龙海著名木偶世家黄古老及其“三法木偶剧团”常年活跃在厦门岛和灌口一带，是当年厦门木偶界的杰出代表。20 世纪 40 年代，黄古老的小儿子黄亚水凭借其高超的木偶表演艺术奠定了集美木偶戏的基础。20 世纪 80 年代以来，以黄月娇、黄明辉、黄建顺等为代表的集美木偶戏第三代传承人把集美木偶戏推上一个更高的阶段。

历经千百年传承后的集美木偶戏，从操作手法到表演艺术，似乎都没有什么太大的改变。还是只需一双手、一张嘴、一个戏台、一对木偶，一台好戏即可上演，惟妙惟肖的木偶在一双巧手的操作下，仿佛有了生命，踩着锣鼓声互相缠斗，动作灵巧，煞是好看。

图 4-67　龙舟赛期间集美南音社在龙舟亭上表演南音

二十一、集美南音

南音起源于泉州，是具有浓郁地方特色的古老乐种，也是我国古代音乐中保存最丰富和最完整的乐种之一，被誉为中国音乐历史的活化石、中国民族音乐的根，它是世界非物质文化遗产。

南音曲调丰富多彩，词曲清丽柔曼，旋律缠绵深沉，犹如南国夏夜的玉兰花香，香飘四溢，让人如痴如醉。乐器独特，有上四管（琵琶、洞箫、二弦、三弦）、下四管（响盏、小叫 、四宝、双铃）。

自古以来，南音一直在集美零星传播。1913 年，泉州造船师傅陈火炭等，长期在集美大社海边造船，空闲时便在渡头角的榕树下自弹自唱，引发陈智等集美人对南音的喜好，南音在集美逐渐普及发展。

陈嘉庚先生小时很喜欢南音，有空就会去南音堂听南音。1950 年代初，陈嘉庚聘请造船师傅何明辉到集美造龙舟，何明辉对南音有所专长。1953 年，在陈嘉庚先生的倡导下，集美学校委员会拨出专款创办了集美南乐社。南乐社办得有声有色，村民们竞相参与。到 20 世纪 60 年代，南乐社成员已达 100 多人，南音成了集美人喜闻乐见的文娱活动。陈嘉庚先生对南乐社十分重视，每年龙舟赛，他都会请南乐社前来演出。大社的大小节日，都少不了南乐社的演出助兴。南乐社还经常邀请同安、鳌冠等地的南乐社团一起交流，厦门市区的各南音社在元宵节、端午节，也到集美慰问陈嘉庚，与集美南音社交流。

后来，集美南音又被推广到灌口三社、后溪城内和岛内的殿前、嘉禾等地，并传播到香港、澳门，以及新加坡等东南亚地区。

南音在集美的延续一度中断，1991 年 10 月，集美南乐社恢复演出活动，常年参加厦门岛内、同安的南音演唱会。并在集美小学、集美中学、集美福南堂等单位开办了“南音培训班”，加大南音的传承力度。近年来，南乐社的活动走进了校园和社区，将南音这一非物质文化遗产传播到集美的各个角落。

2014 年，正值福建南音成功列入世界“非遗”名录 5 周年之际，集美成立“杏林南音社”，每周六在集美文化馆彩排。同时，集美大社的南乐社也恢复每周三的活动。“三千两金、费去尽空，今旦流落只苏州……”每到周三夜幕降临，集美大社戏台边上的活动室总会传出婉转动听的南音，南乐社的成员聚集在这里练习。

经过多年的努力，南音在集美遍地生花。参加南乐社培训班的同学们都小有成就，部分学生参加厦门市南音唱腔比赛获得奖项。集美南乐社还将南音推向了国际，在第二届集美中外学生国际文化交流季里，集美学生为外国友人讲解南音的知识，让他们感受南音的魅力。

二十二、闽南俗语

俗语，也称常言、俗话。闽南俗语是闽南话语汇里为群众所创造，并在群众口语中流传，具有口语性和通俗性的闽南语言单位，是闽南地区广泛流行的定型的语句。

闽南俗语是闽南话的重要组成部分，是历代闽南劳动人民在长期劳动生产和生活中创造出的，并经世代闽南人口耳相传发展而来，生动、准确、精炼地表达了闽南劳动人民在劳动生产和生活中的思想和经验总结，反映了闽南人对美好生活的向往和愿望。

闽南俗语通俗易懂、生动凝练、诙谐幽默、充满智慧，富有教化意义和人生哲理；内容丰富多彩，包括俚语、谚语、歇后语、成语和惯用语等；富有艺术性，运用比喻、对比、夸张、想象等修辞手法，具有形象生动、妙趣横生的特点，富有强烈的艺术感染力，常常发人深省；富有音韵之美，语音节奏分明、对仗工整，平仄押韵；富有音律之美，读起来往往朗朗上口，有易读、易记、易用和易于传播等特点。

随着时代发展和社会变革，闽南话的使用常常是停留在日常用语上，而且会运用闽南俗语进行交流的人也变得越来越少，闽南俗语因此面临式微和弱化的困境。

集美作为闽南地区的核心区，有着深厚的历史和丰厚的闽南文化资源，有着包括闽南俗语在内的口传文学基础，以及有利于闽南俗语传播的地理优势。随着国家“一带一路”倡议、厦门跨区域合作发展和“人文集美”发展战略的推进，保护和传承闽南俗语具有重要的文化价值和历史意义。

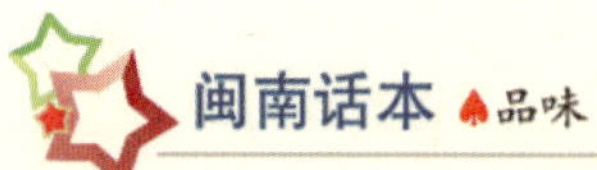

精妙的闽南俗语

年前，家家户户都得辞旧迎新大扫除。一回到家，就听小婶抱怨叔叔，自己不干活还指手画脚，嫌这嫌那。我笑笑，默默地听着，反正夫妻俩“床头打床尾和（意为夫妻没有隔夜仇）”，这道理我还是懂的。

突然间，小婶冒出这样一句闽南俗语：“破鼓会救月，破某会诶糜。”咦，这句俗语是什么意思？我这个从小在闽南农村长大的人，竟从未听过这句俗语。我问小婶这句俗语是何意思。她笑了：“这句俗语你竟不懂？前一句是说天狗食月，一个再破的鼓也能敲打出声音赶走天狗，救出月娘；第二句的意思是说，再老再没用的老婆，好歹也能为老公熬个粥。”哦，我恍然大悟，这句闽南俗语还真是“俗咯有力（意为俗气但是有说服力）”。

看大人们在打扫卫生，才满三岁的侄女也拿起扫把跟着挥舞，还没两下，“哗啦”一声，茶杯落地。老妈一见，假装生气地说：“生鸡卵无，放鸡屎有（意为帮倒忙）。”转而对站在一旁的我说：“会的不做，不会的又爱做。”“嘿！尼姑生囝赖和尚（意为自己惹下的麻烦要别人背黑锅）。小侄女弄破的，关我什么事。”我一脸坏笑着辩解：“帮忙做可以呀，可不能‘做到流汗，嫌到流涎（意为辛苦干活，却被人嫌弃）。’”老妈一听，笑了：“江湖一支嘴，讲话胡累累（意为说话不靠谱）。别啰唆！下午帮忙洗窗帘！”我吐了吐舌头：“啊？好吧。”

一边干活一边聊天——哈哈，真是有趣！每次回老家，我都喜欢和三姑六婆聊天，她们时不时来几句闽南俗语，短短的俗语往往能把一个道理、一件分的事，如四两拨千斤一般形象地表达清楚，让人不得不佩服老祖宗的智慧。

图 4-68　精妙的闽南俗语

翻译闽南俗语 推介乡土文化

英语征文获奖作品在校内展览。

本报讯（文/图 通讯员 伟贤）怎么当好金砖东道主？厦门一中集美分校（原灌口中学）的老师和同学们有自己的想法：向外宾介绍源远流长的闽南文化，邀请来宾到山清水秀的灌口游玩。

从6月初起，该校推出了闽南俗语翻译大赛和灌口风采英语征文大赛，共有147名同学积极参与，并于8月底评出了各个奖项。目前，获奖作品正在校内展览。同学们把参赛作品做成了手抄报，洋溢着对家乡的爱和对外宾的热切期盼。

据该校国际部副主任王碧文老师介绍，此次大赛是为了培养“心怀乡土、放眼世界”的优秀青年，而厦门会晤提供了最好的契机。她认为，本次活动集教育性和趣味性为一体，促进学生的英语学习和使用，并培养同学们对家乡、对祖国的深厚感情。

图 4-69　闽南俗语翻译大赛和灌口风采英语征文大赛

图 4-70　陈氏太极拳

二十三、陈氏太极拳

太极拳以儒家和道家的辩证理论为核心，内含中华传统武术、竞技、养生和医学等精髓，融强身健体和修身养性为一体，是我国传统武术的优秀拳种和宝贵遗产。

集美陈氏太极拳于20世纪源自河南温县陈家沟，以动静结合、虚实相生、刚柔相济的运动方式为特点，注重意识、呼吸和动作三者的密切配合，以掤、捋、挤、按、采、挒、肘、靠的动作为要领，在粘、黏、连、随的基础上以螺旋缠丝的内劲为统驭，将抓、拿、摔、滑、打、跌融为一体，具有内外兼修的功效。陈式太极拳这种以武术运动为表现形式和载体的文化形态，充分体现了人类对自然界的客观认知与科学实践。

传承人陈恩凭借陈式太极拳的高超水平，被集美大学航海学院录取任教。陈恩在教学之余不辞辛苦地在厦门各地及闽南一带传授陈氏太极拳。近 30 年来，陈恩所传授的学员超过 6000 人，众多的弟子在省市、全国和国际武术大赛中屡屡夺冠，成绩斐然。为进一步弘扬和传承陈氏太极拳，陈恩一边做好陈氏太极拳的传授，一边潜心研究和整理陈式太极拳，以推动陈氏太极拳事业的发展。

2019 年 6 月 11 日，集美陈氏太极拳传习中心在区民政局正式登记，将极大地促进和推动陈氏太极拳不断向前发展。

二十四、洪氏面线制作技艺

集美传统手工面线历史悠久，是地方传统特色美食，也是集美人敬神、祭祖、婚庆、祝寿和喜宴等传统民俗活动的常备品，是象征长寿、吉庆的文化符号。

如今到集美旅游的游客，在味友美食品“鸭肉面线”这道名菜时，可谓赞不绝口，而其所用的正是灌口双观庵洪德芳传统手工生产的洪氏面线。洪氏面线始终选用天然优质原料，采用传统工艺精制而成，具有绿色、健康、安全和卫生；食之顺滑，极富韧性、弹性，还有耐煮不糊、煮炒皆宜等诸多特点。洪氏面线因天然健康、品质上乘而深受广大群众的认可，畅销于集美和周边地区，深受海内外华侨华人的喜爱。

洪氏面线历史悠久。1885 年，灌口人洪仔雨于嘉禾里开办面线制作坊；1912 年洪德芳传承了父辈洪仔雨的面线制作技艺，于 1917 年回灌口老家创办了德芳面线坊。20 世纪 60 年代，洪明吉传承了父亲洪德芳的面线制作技艺；20 世纪 90 年代，洪明吉的儿子洪朝辉接下了家传面线制作技艺。时至今日，洪氏面线已走过 130 多年的历史。

虽然洪氏面线制作技艺较繁杂、产量较低，在现代市场竞争中处于劣势，但洪朝辉作为洪氏面线的第四代传承人，始终秉承祖辈的教诲，遵循传统古法技艺来生产面线，并希望把洪氏面线制作技艺无偿传授给更多的年轻人，让这项闽南传统面线技艺得以继承和发展。

二十五、川金山打铁技艺

在集美后溪黄地村，有间叫“川金山”的铁铺，由刘江南、刘江场兄弟传承着家传的打铁技艺。

打铁在人类进入刀耕火种的时代便已出现，它对传统农耕社会的发展发挥过极其重要的作用。打铁技艺是一项技术含量较高的传统技艺，蕴含着民族传统的工匠技术、造物水平和审美能力。

刘江南、刘江场兄弟介绍，家传的打铁技艺已传承了四代人，有 120 年以上的历史。其曾祖父杨登月离开安溪蓬莱岑东村祖地，辗转于长泰和同安一带，以打铁为生，到了其祖父杨棕这代才落脚到黄地村。后来，杨棕不仅继承了打铁技艺，还创办了川金山铁铺，并迎娶了黄地本村的姑娘刘氏。再后来，其父亲杨友谊继承家传的打铁技艺又把它传承给了他们。

川金山打铁技艺包括选料、生炉火、煅烧、击打、夹钢、打初样、敲冷柱、铲刃、淬火、打磨和后期加工等十几道工序。其中，煅烧、击打、夹钢、淬火最能体现川金山铁铺的特色与价值。川金山铁铺生产的锄头、菜刀、剁刀、镰刀、铲子、火钳、斧、凿、刨、船钉、铁锚等产品经久耐用、质量过硬、美观大方，深受广大群众的喜爱。

随着社会的变迁和科技的进步，曾经辉煌的打铁行业慢慢淡出了人们的视野。但是，刘江南、刘江场兄弟时常谨记父辈的嘱咐，要把老祖宗传给他们的川金山打铁技艺学好，使之代代相传。

二十六、闽南造像

闽南造像已有上千年的历史，从闽南文化、艺术和宗教的发展演变而来。闽南造像不仅传承了我国古代造像的艺术精华，并融入了闽南地域文化的内涵与元素。

清末民初，吴玖在厦、漳、泉各寺庙和道观等宗教场所造像，是当时闽南地区知名的造像师，从而将造像艺术传入集美。吴玖的造像始终延续传统的造像技艺，其作品多以儒、释、道的历史人物为题材，以造型饱满、线条圆润、五官匀称、庄严典雅为特点，散发着雍容华贵的气象和超然脱俗的艺术魅力。

20 世纪 30 年代，吴玖的徒弟王天雨、王启华兄弟和王静勇，传承了吴玖的造像技艺。20 世纪 60 年代，集美闽南造像技艺一度中断。到 20 世纪 80 年代，许新高和林峰荣不仅延续了几位师傅的造像技艺，并把集美的闽南造像推向一个新的高度。20 世纪 90 年代，王国辉秉承弘扬和传承闽南传统造像艺术的初心，师从许新高和林峰荣等师傅，在集美传承闽南传统造像艺术至今。

近年来，王国辉依托福州大学厦门工艺美术学院雕塑系，在集美创办了闽南造像传习基地，不断探索闽南造像艺术的发展，在坚持传统造像技艺、工艺和艺术风格的基础上，根据时代要求，赋予新的文化元素与内涵，为传承、弘扬闽南造像艺术做出应有的贡献。

图片来源

第一章　开放包容，海纳百川——集美的闽南文化

图 1-1：《福建全省总图》，清道光六年 (1826 年) 刊本，第 10 页。

第二章　众神的包容共处——集美的民间信仰

图 2-1：刘文龙主编:《集美印象》,海潮摄影艺术出版社 2009 年版，第 41 页。

图 2-2：厦门市集美区地方志编纂委员会编：《厦门市集美区志》，中华书局 2013 年版，第 616 页。

图 2-3：柯盛世编:《厦门牌匾集锦》,厦门大学出版社 2013 年版,第 130 页。

图 2-4：郑高萩主编：《集美》，中央文献出版社 2005 年版，第 256 页。

图 2-5：柯盛世编:《厦门牌匾集锦》,厦门大学出版社 2013 年版，第 147 页。

图 2-6：吴吉堂主编：《杏林史话》，鹭江出版社 2011 年版，第 174 页。

图 2-7：中共厦门市集美区委宣传部《台海》杂志编：《集美侨乡最闽南》，海峡书局 2018 年版，第 85 页。

图 2-8：厦门市集美区档案馆编：《影像集美（1949—2011）：集美档案藏照集锦》，厦门大学出版社 2011 年版，第 117 页。

图 2-9：厦门市集美区档案馆编：《影像集美（1949—2011）：集美档案藏

照集锦》，厦门大学出版社 2011 年版，第 118 页。

图 2–10：郑高萩主编：《集美》，中央文献出版社 2005 年版，第 256 页。

图 2–11：吴吉堂主编：《杏林史话》，鹭江出版社 2011 年版，第 189 页。

图 2–12：中共厦门市集美区委宣传部《台海》杂志编：《集美侨乡最闽南》，海峡书局 2018 年版，第 158 页。

图 2–13：郑高萩主编：《集美》，中央文献出版社 2005 年版，第 260 页。

图 2–14：柯盛世编：《厦门牌匾集锦》，厦门大学出版社 2013 年版，第 103 页。

图 2–15：许金顶、李玉清主编：《集美寻珍 3——历代碑刻拓片荟萃》，河海大学出版社 2016 年版，第 145 页。

图 2–16：许金顶、李玉清主编：《集美寻珍 3——历代碑刻拓片荟萃》，河海大学出版社 2016 年版，第 147 页。

图 2–17：郑高萩主编：《集美》，中央文献出版社 2005 年版，第 283 页。

图 2–18：柯盛世编：《厦门牌匾集锦》，厦门大学出版社 2013 年版，第 131 页。

图 2–19：陈厥祥：《集美志》，内部资料，1963 年，第 140 页。

图 2–20：郑高萩主编：《集美》，中央文献出版社 2005 年版，第 290 页。

图 2–21：郑高萩主编：《集美》，中央文献出版社 2005 年版，第 257 页。

图 2–22：郑高萩主编：《集美》，中央文献出版社 2005 年版，第 241 页。

图 2–23：厦门市集美区地方志编纂委员会编：《厦门市集美区志》，中华

书局2013年版，第590页。

图2-24：郑高菽主编：《集美》，中央文献出版社2005年版，第253页。

图2-25：许金顶、李玉清主编：《集美寻珍3——历代碑刻拓片荟萃》，河海大学出版社2016年版，第59页。

图2-26：许金顶、李玉清主编：《集美寻珍3——历代碑刻拓片荟萃》，河海大学出版社2016年版，第60页。

图2-27：杏林街道地方志编委会编：《杏滨街道志》，内部资料，2010年，第270页。

图2-28：厦门集美区杏滨街道办事处、厦门市文津传媒工作室主编：《中国杏滨》，中国文化出版社2013年版，第66页。

图2-29：郑高菽主编：《集美》，中央文献出版社2005年版，第254页。

图2-30：吴吉堂主编：《杏林史话》，鹭江出版社2011年版，第173页。

图2-31：许金顶、李玉清主编：《集美寻珍3——历代碑刻拓片荟萃》，河海大学出版社2016年版，第42页。

图2-32：刘文龙主编：《集美印象》，海潮摄影艺术出版社2009年版，第37页。

图2-33：刘文龙主编：《集美印象》，海潮摄影艺术出版社2009年版，第37页。

图2-34：刘文龙主编：《集美印象》，海潮摄影艺术出版社2009年版，第37页。

图 2-35：许金顶、李玉清主编：《集美寻珍 3——历代碑刻拓片荟萃》，河海大学出版社 2016 年版，第 78 页。

图 2-36：郑高菽主编：《集美》，中央文献出版社 2005 年版，第 313 页。

图 2-37：郑高菽主编：《集美》，中央文献出版社 2005 年版，第 314 页。

图 2-38：郑高菽主编：《集美》，中央文献出版社 2005 年版，第 262 页。

图 2-39：许金顶、李玉清主编：《集美寻珍 3——历代碑刻拓片荟萃》，河海大学出版社 2016 年版，第 068 页。

图 2-40：吴吉堂主编：《杏林史话》，鹭江出版社 2011 年版，第 82 页。

图 2-41：厦门集美区杏滨街道办事处、厦门市文津传媒工作室主编：《中国杏滨》，中国文化出版社 2013 年版，第 67 页。

图 2-42：厦门市集美区地方志编纂委员会编：《厦门市集美区志》，中华书局 2013 年版，第 593 页。

图 2-43：郑高菽主编：《集美》，中央文献出版社 2005 年版，第 366 页。

图 2-44：许金顶、李玉清主编：《集美寻珍 3——历代碑刻拓片荟萃》，河海大学出版社 2016 年版，第 86 页。

图 2-45：厦门市集美区地方志编纂委员会编：《厦门市集美区志》，中华书局 2013 年版，第 594 页。

图 2-46：中共厦门市集美区委宣传部《台海》杂志编：《集美侨乡最闽南》，海峡书局 2018 年版，第 120 页。

图 2-47：许金顶、李玉清主编：《集美寻珍 3——历代碑刻拓片荟萃》，河海大学出版社 2016 年版，第 30 页。

图 2-48：许金顶、李玉清主编：《集美寻珍 3——历代碑刻拓片荟萃》，河海大学出版社 2016 年版，第 50 页。

图 2-49：吴吉堂主编：《杏林史话》，鹭江出版社 2011 年版，第 188 页。

图 2-50：郑高菽主编：《集美》，中央文献出版社 2005 年版，第 246 页。

图 2-51：吴吉堂主编：《杏林史话》，鹭江出版社 2011 年版，第 188 页。

图 2-52：郑高菽主编：《集美》，中央文献出版社 2005 年版，第 243 页。

图 2-53：吴吉堂主编：《杏林史话》，鹭江出版社 2011 年版，第 84 页。

图 2-54：吴吉堂主编：《杏林史话》，鹭江出版社 2011 年版，第 174 页。

图 2-55：吴吉堂主编：《杏林史话》，鹭江出版社 2011 年版，第 179 页。

图 2-56：郑高菽主编：《集美》，中央文献出版社 2005 年版，第 263 页。

图 2-57：杏林街道地方志编委会编：《杏滨街道志》，内部资料，2010 年，第 277 页。

图 2-58：刘文龙主编：《集美印象》，海潮摄影艺术出版社 2009 年版，第 39 页。

图 2-59：刘文龙主编：《集美印象》，海潮摄影艺术出版社 2009 年版，第 39 页。

图 2-60：郑高菽主编：《集美》，中央文献出版社 2005 年版，第 255 页。

图 2-61：李振增摄。

图 2-62：吴吉堂主编：《杏林史话》，鹭江出版社 2011 年版，第 80 页。

图 2-63：吴吉堂主编：《杏林史话》，鹭江出版社 2011 年版，第 189 页。

第三章　从生计到文化旅游——集美讨小海

图 3-1：老驴手绘。

图 3-2：老驴手绘。

图 3-3：老驴手绘 。

图 3-4：老驴手绘。

图 3-5：吴吉堂主编：《时间，在集美增值老照片》，厦门大学出版社 2017 年版，第 195 页。

图 3-6：华觉明、李绵璐主编：《中国手工艺（编制与扎制）》，大象出版社 2008 年版，第 31 页。

图 3-7：华觉明、李绵璐主编：《中国手工艺（编制与扎制）》，大象出版社 2008 年版，第 31 页。

图 3-8：老驴手绘。

第四章　在传承中弘扬——集美“非遗”

图 4-1：高爱民提供。

图 4-2：高爱民提供。

图 4-3：高爱民提供。

图 4-4：高爱民提供。

图 4-5：厦门市集美区档案馆编：《影像集美（1949—2011）：集美档案藏照集锦》，厦门大学出版社 2011 年版，第 121 页。

图 4-6：厦门市集美区档案馆编：《影像集美（1949—2011）：集美档案藏照集锦》，厦门大学出版社 2011 年版，第 121 页。

图 4-7：厦门市集美区档案馆编：《影像集美（1949—2011）：集美档案藏照集锦》，厦门大学出版社 2011 年版，第 121 页。

图 4-8：林火荣摄。

图 4-9：高爱民摄。

图 4-10：陈禾青摄。

图 4-11：高爱民摄。

图 4-12：高爱民提供。

图 4-13：高爱民提供。

图 4-14：高爱民提供。

图 4-15：高爱民提供。

图 4-16：高爱民提供。

图 4-17：高爱民提供。

图 4-18：高爱民提供。

图 4-19：陈新杰提供。

图 4-20：高爱民提供。

图 4-21：高爱民提供。

图 4-22：高爱民提供。

图 4-23：高爱民提供。

图 4-24：高爱民提供。

图 4-25：高爱民提供。

图 4-26：高爱民提供。

图 4-27：高爱民提供。

图 4-28：高爱民提供。

图 4-29：高子摄。

图 4-30：高爱民提供。

图 4-31：高爱民提供。

图 4-32：高爱民提供。

图 4-33：高爱民摄。

图 4-34：高爱民摄。

图 4-35：高爱民摄。

图 4-36：凤山庙提供。

图 4-37：王坚峰摄。

图 4-38：高爱民提供。

图 4-39：《正则为神：民心向背决定了神格走向》，《厦门晚报》2013 年 1 月 6 日，12-13 版。

图 4-40：《论城隍话同源　以神缘促人缘》，《厦门晚报》2013 年 1 月 6 日，11 版。

图 4-41：高爱民提供。

图 4-42：高爱民提供。

图 4-43：高爱民提供。

图 4-44：王坚峰摄 。

图 4-45：高爱民提供。

图 4-46：高爱民提供。

图 4-47：高爱民提供。

图 4-48：高爱民提供。

图 4–49：《不忘家训海内外高氏宗亲返厦祭祖》，爱奇艺，http://www.iqiyi.com/v_19rtwzwzsg.html，访问时间 :2019 年 11 月 20 日。

图 4–50：《不忘家训海内外高氏宗亲返厦祭祖》，爱奇艺，http://www.iqiyi.com/v_19rtwzwzsg.html， 访问时间 :2019 年 11 月 20 日。

图 4–51：《福建公共频道八闽新风采——厦门马銮杜氏家庙》，腾讯视频，https://v.qq.com/x/page/m01863g6q7j.html，访问时间 :2019 年 11 月 22 日。

图 4–52：《福建公共频道八闽新风采——厦门马銮杜氏家庙》，腾讯视频，https://v.qq.com/x/page/m01863g6q7j.html，访问时间 :2019 年 11 月 22 日。

图 4–53：《兄弟承祖艺 巧手糊万物》,《厦门晚报》2019 年 4 月 28 日，A9 版。

图 4–54：《75 场活动为您展示多彩非遗》，《厦门日报》2019 年 6 月 7 日，A11 版。

图 4–55：高子摄。

图 4–56：高爱民提供。

图 4–57：高爱民提供。

图 4–58：高爱民提供。

图 4–59：高爱民摄。

图 4–60：高爱民摄。

图 4–61：高爱民摄。

图 4–62：高爱民摄。

图 4–63：高爱民提供。

图 4–64:《一张“身份证”帮您认准老字号》,《厦门日报》2016 年 1 月 20 日，B05 版。

图 4–65：高爱民摄。

图 4–66：高爱民摄。

图 4–67：高爱民摄。

图 4–68：《精妙的闽南俗语》，《厦门日报·城市副刊》2019 年 2 月 20 日，B04 版。

图 4–69：《 翻译闽南俗语　推介乡土文化 》，《厦门日报》2017 年 9 月 1 日， B03 版。

图 4–70：《集美区首家陈氏太极拳传习中心正式登记》，厦门市民政局官网，http://mzj.xm.gov.cn/xxgk/zwgk/tpxw/201906/t20190626_2310785.htm?from=singlemessage，访问时间：2019 年 10 月 21 日。

人文集美

集美文脉谱

厦门市集美区文化和旅游局 编

厦门大学出版社
XIAMEN UNIVERSITY PRESS
国家一级出版社
全国百佳图书出版单位